MACRODYNAMIQUE

5-7, rue de l'Ecole polytechnique ; 75005 Paris

http://www.librairieharmattan.com
diffusion.harmattan@wanadoo.fr
harmattan1@wanadoo.fr

ISBN : 978-2-296-07548-1
EAN : 9782296075481

Claude NJOMGANG

MACRODYNAMIQUE

L'Harmattan

Avant-propos

Le présent ouvrage résulte d'un enseignement de macrodynamique (Fluctuations et croissance) dispensé à plusieurs générations d'étudiants de troisième année de Licence de sciences économiques depuis 1975, et ces dernières années en doctorat, à l'Université de Yaoundé et dans d'autres universités du Cameroun et d'Afrique. Sa mise au point a bénéficié des échanges avec cet auditoire sans cesse renouvelé, ainsi que des derniers développements théoriques et pratiques.

L'objectif premier de l'ouvrage est méthodologique. L'étudiant constatera très rapidement que la plupart des connaissances utilisées dans l'ouvrage lui sont familières. Ce qui l'est beaucoup moins, c'est la transition de la Macrostatique à la Macrodynamique ou, pour reprendre Harrod, de « penser en termes dynamiques »[1]. A l'issue du premier cycle en effet, l'étudiant maîtrise l'analyse économique en équilibre statique. Il conçoit l'équilibre comme un « point », l'intersection des courbes d'offre et de demande.

Il s'agit à présent de raisonner en termes de « sentier d'équilibre », faisant ainsi un pas important vers la réalité des phénomènes économiques et les politiques économiques concrètes. Celles-ci ont pour ultime objectif en effet, de maintenir la croissance de l'économie aussi près que possible de ces sentiers « de référence », dans des situations réelles où ils n'existent pas par définition.

L'ouvrage constitue de ce fait un outil de travail non seulement pour les second et troisième cycles universitaires, pour la compréhension des théories et des techniques d'analyse, mais aussi pour le chercheur doctorant et professionnel, en vue d'une meilleure utilisation des modèles macroéconomiques dans un contexte réel, et une meilleure lecture des indicateurs de l'activité économique.

Yaoundé, 19 octobre 2008

---

[1] Harrod, Roy F. « An Essay in Dynamic Theory », ***The Economic Journal***, Vol. 49 1939, pp 14-38.

Introduction

L'introduction rappelle les principales étapes de la formation de la dynamique économique, et présente les concepts de base ainsi que les principaux outils de l'analyse dynamique.

I. La formation de la méthode dynamique en économie

La dynamique économique est l'étude positive et normative des mécanismes et des lois qui régissent les mouvements économiques :

- Au plan positif, la dynamique économique étudie les mécanismes et les processus de fluctuations et de croissance. Elle définit les conditions d'existence de l'équilibre et en étudie les propriétés, celles d'unicité et de stabilité notamment.
- Au plan normatif, la dynamique économique étudie les politiques de croissance et les politiques conjoncturelles, sous l'angle des normes de choix de ces politiques (normes de croissance optimale et de stabilité notamment), et des instruments de leur mise en œuvre.

L'analyse dynamique a évolué d'une théorie des cycles (ou des crises), vers une théorie de la conjoncture, puis vers une théorie de la croissance. La dynamique économique moderne combine ces trois approches dans deux démarches méthodologiques *complémentaires* : formelle et causale.

A. La dynamique formelle

La dynamique formelle s'est forgée à travers la théorie des cycles et celle de la conjoncture.

La théorie des cycles a pour point de départ reconnu, la publication par Clément Juglar en 1857, de sa première étude sur « les crises commerciales et leur retour périodique ». L'introduction de l'idée de périodicité (cycle) dans l'analyse dynamique conduisait les théoriciens à une classification des cycles économiques en fonction de leur durée (de 40 à 50 ans pour le cycle long de Kondratief, de 9 à 10 ans pour le cycle de Juglar, et de 40 mois pour le cycle court de Kitchin). L'objectif pour la politique économique était alors de situer les crises dans le temps en vue de les prévenir.

La théorie de la conjoncture est née du caractère atypique de la crise de 1929, laquelle a remis en question les méthodes de prévision fondées sur la théorie des cycles. L'idée de périodicité est alors abandonnée, la typologie des mouvements économiques supposant désormais une forme et une durée quelconques. La prévision conjoncturelle est ainsi conduite au jour le jour, et non plus par référence à des cycles prédéterminés.

Au plan méthodologique, la dynamique formelle décrit les mouvements économiques dans le but d'en faire la typologie. Elle est formelle en ce sens qu'elle repose sur l'introduction de décalages dans les fonctions d'investissement ou de consommation, pour déterminer mécaniquement différents types de mouvements économiques ***autour d'un équilibre stationnaire***. Le procédé combine alors des valeurs arbitraires de l'accélérateur et du multiplicateur, considérés comme de simples opérateurs mathématiques et non comme des coefficients de causalité.

B. La dynamique causale

Le point de départ de la dynamique causale peut être fixé en 1948, lorsque Harrod[2] transpose dans la longue période le système d'explication de la crise proposé par Keynes, donnant ainsi naissance à la théorie moderne de la croissance.

Les facteurs psychologiques (les différentes propensions keynésiennes) tiennent une place prépondérante dans les anticipations des agents économiques, lesquelles permettent d'expliquer non seulement les écarts initiaux (les décalages) entre grandeurs ex ante et ex post, mais aussi les processus cumulatifs d'expansion et de récession.

La méthode dynamique repose ici sur des modèles explicatifs et structurels, où ***les fluctuations sont définies comme des déviations par rapport au trend de croissance (et non plus par rapport à un équilibre stationnaire), lequel apparaît ainsi comme le mouvement économique fondamental à expliquer.***

---

[2] Harrod, Roy F. (1948). *Towards a Dynamic Economics*. McMillan, London.

II. Les outils de l'analyse dynamique

A. Statique et dynamique

Selon la terminologie de Ragnar Frisch[3], un système est :

- Statique si son comportement est défini par des équations dont les variables sont définies au même instant.
- Dynamique si son comportement dans le temps est déterminé par des équations dont les variables sont datées à des instants différents, chacune étant expliquée par la précédente.

De cette définition découlent les remarques suivantes :

- ➢ Tout système dont le comportement inclut le temps n'est pas dynamique. C'est le cas d'un système soumis à un *mouvement historique mais non causal.*
- ➢ Un système statique est toujours un système en équilibre, mais un système dynamique n'est pas toujours un système en déséquilibre. Un système dynamique dont toutes les variables croissent au même taux est en équilibre.

B. Stabilité et stationnarité

Un système stationnaire est un système dont les variables sont constantes dans le temps. C'est donc un cas particulier de système dynamique en équilibre, dans lequel le taux de croissance des variables est égal à zéro.

Un système dynamique est en équilibre stable si un écart par rapport à l'équilibre met en jeu des forces qui tendent à l'y ramener. Cette stabilité peut être absolue ou relative :

- ➢ La *stabilité absolue* est celle définie ci-dessus. Elle implique que les variables du système convergent vers leur *sentier initial* à la fois par *le taux et le niveau* de croissance.
- ➢ La *stabilité relative* implique seulement que ces variables convergent vers *un sentier parallèle au sentier initial.*

---

[3] Ragnar Frisch : « On the Notion of Equilibrium and Disequilibrium ». *Review of Economic Studies*, III, Février 1936, pp 100-105. Cité par P.A. Samuelson : *Les fondements de l'analyse économique*. Tome II : *La stabilité des systèmes dynamiques*. Traduction française. Gauthier-Villars, 1947, p.7

De cette définition découle la remarque suivante : un système peut être équilibré sans être stable, tandis qu'un système stable est toujours, au départ, un système en équilibre. Il en résulte qu'une condition d'équilibre ne doit pas être confondue avec une condition de stabilité. Cette dernière se réfère à la condition de convergence du sentier de croissance vers l'équilibre, lorsque pour une raison ou une autre il s'en est écarté.

C. La statique comparative

La méthode dynamique étudie dans une approche causale, le cheminement d'un système en dehors de l'équilibre, y compris la convergence éventuelle vers un nouvel équilibre. L'équilibre y dépend donc de la nature et de la vitesse de ce processus.

Dans la pratique, cette approche causale est difficile à mettre en oeuvre. La relation causale entre l'existence de l'équilibre et le processus de sa détermination est occultée du fait du grand nombre et de la diversité des variables en présence. On dit qu'il y a *hystérésis*.

La dynamique est alors remplacée par la statique comparative, méthode dans laquelle on détermine, décrit et compare un état d'équilibre du système à l'ancien, après un changement dans la valeur d'une variable exogène, les autres étant données, et sans référence au processus de réalisation de l'équilibre, c'est-à-dire *toutes choses égales par ailleurs*.

La dérivation partielle et la régression statistique sont les outils formels de la statique comparative. La détermination du revenu national d'équilibre dans le modèle du multiplicateur en est un exemple simple.

D. Les équations différentielles et les équations aux différences finies

Les équations différentielles et aux différences finies sont l'expression formelle, respectivement en analyse continue et discontinue, de la dynamique des retards caractéristique de l'analyse dynamique.

D.1. Les équations aux différences finies

Soit l'équation suivante qui lie le revenu national courant Y_t aux revenus antérieurs :

$$Y_t - a_1 Y_{t-1} - a_2 Y_{t-2} - \ldots - a_n Y_{t-n} = a_0$$

Les a sont des constantes reliant les valeurs de Y dans le temps. Elles sont interprétées dans la définition de la dynamique comme des coefficients de causalité. Lorsque le second membre (a_0) est nul, l'équation est dite homogène. L'ordre de l'équation (n) est le nombre de périodes couvertes.

La formulation d'une équation aux différences finies constitue la première étape du passage de la statique à la dynamique (cf infra la typologie des mouvements économiques). Le modèle d'interaction multiplicateur-accélérateur du premier ordre est un exemple simple de cette démarche. Soit l'équation d'équilibre du marché des produits :

$$Y_t = C_t + I_t + G$$

où Y_t désigne le produit national en t, C_t et I_t les dépenses de consommation et d'investissement, et G la dépense autonome (ou dépense gouvernementale) supposée constante.

Pour « **dynamiser** » ce système statique, on introduit un décalage dans l'équation en exprimant par exemple l'investissement en termes d'accélération :

$$I_t = \beta\,(Y_t - Y_{t-1})$$

L'équation d'équilibre se réécrit alors :

$$Y_t = cY_t + \beta\,(Y_t - Y_{t-1}) + G,$$

β et c désignent l'accélérateur et la propension marginale à consommer.

En regroupant les termes, l'on en déduit l'équation aux différences finies du premier ordre non homogène, dont la résolution nous permettra plus loin de faire la typologie des mouvements économiques :

$$Y_t = [\beta / (\beta - s)]\, Y_{t-1} - [G / (\beta - s)],$$

avec $s = 1 - c$

D.2. Les équations différentielles

On suppose à présent que les variables sont continues et différentiables par rapport au temps. Reprenons dans cette version l'équation du cas discontinu ci-dessus qui lie le revenu national courant Y_t aux revenus antérieurs. On obtient l'équation différentielle suivante, d'ordre n et homogène pour b = 0

$$a_0 \frac{d^n Y}{dt^n} + a_1 \frac{d^{n-1} Y}{dt^{n-1}} + \ldots + a_n Y + b = 0$$

Il s'agit comme on le voit, d'une relation entre la fonction Y du revenu national et ses dérivées successives.

Pour illustrer ceci reprenons en version continue le modèle d'interaction multiplicateur-accélérateur du cas discontinu. On obtient, à partir de l'équation d'équilibre Y = C + I + G,

$$Y = cY + \beta\left[\frac{dY}{dt}\right] + G \text{, ou encore}$$

$$sY - \beta\left[\frac{dY}{dt}\right] = G \text{, avec s = 1-c}$$

équation différentielle linéaire du premier ordre non homogène que nous utilisons également plus loin pour la typologie des mouvements économiques.

III. Rappels sur la fonction de production

La fonction de production peut être définie comme une relation entre les facteurs de production et le produit (courbe de production) d'une part, entre les facteurs de production eux-mêmes **(isoquants)** d'autre part. Sous sa forme globale elle s'écrit:

Y = A(t) F (K, L,)

où Y est le produit, K le capital, L le travail, A(t) une variable d'échelle fonction du temps, permettant de prendre en compte notamment le progrès technique. Les points de suspension indiquent que d'autres facteurs peuvent être introduits.

La fonction de production est une relation technique et économique :

- **Relation technique,** puisque les possibilités de production sont déterminées par l'état des connaissances techniques et par l'efficience technique des combinaisons de facteurs.

- **Relation économique,** puisque les choix techniques sont déterminés par les ressources disponibles et par la rentabilité (compétitivité) des techniques existantes.

La fonction de courte période traite le capital comme un facteur fixe (stock de capital et technique de production donnés : $K = K_0$). La courbe de production décrit alors les rendements du facteur variable (le travail) selon la loi ricardienne des rendements décroissants.

La fonction de longue période traite tous les facteurs comme des facteurs variables. Le sentier d'expansion décrit alors les rendements d'échelle de la production dans le temps. L'analyse économique utilise plus particulièrement la fonction de courte période

$$Y = F(K, L)$$

Dans sa présentation courante, le concept repose sur des hypothèses néo-classiques simplificatrices et commodes pour l'analyse.

A. Hypothèses

- La fonction $Y = F(K, L)$ est continue et deux fois dérivable, s'annulant pour toute valeur nulle de K ou de L.
- Les processus de production sont additifs, c'est-à-dire que le produit obtenu avec deux processus associés est au moins égal au produit obtenu avec deux processus séparés :

  $$F(L_1+L_2, K_1+K_2) \geq F_1(L_1, K_1) + F_2(L_2, K_2)$$

  Les rendements sont donc non décroissants.
- Les processus sont divisibles, c'est-à-dire susceptibles de fonctionner à grande ou à petite échelle sans perte de rendement :

  $$F(K/n, L/n) = 1/n\, F(K, L)$$

  Les rendements sont donc non croissants.

Corollaires :

- Rendements constants à l'échelle. La fonction de production est homogène de degré un. Si les facteurs sont multipliés par un nombre h, la fonction est multipliée par h^1 :

  $$F(hK, hL) = h^1 F(K, L)$$

On en déduit le Théorème d'Euler, selon lequel à rendements d'échelle constants, le produit est juste épuisé par la rémunération des facteurs si chaque facteur est rémunéré à sa productivité marginale. A rendements constants en effet, la productivité globale est égale à la somme des productivités des facteurs :

$$Y = (\partial Y/ \partial K) . K + (\partial Y/ \partial L) . L$$

où $\partial Y/ \partial K$ et $\partial Y/ \partial L$ sont les productivités marginales du capital et du travail.

La constance des rendements à l'échelle permet de simplifier l'écriture de la fonction de production en la ramenant à une fonction d'une seule variable (ou fonction « par tête »):

$$y = Y/L = F(K/L, 1)$$

en vertu de la propriété de divisibilité du processus de production. Soit encore plus simplement :

$$y = f(k)$$

avec $k = K/L$

- Rendements décroissants des facteurs (productivités marginales décroissantes).

Ceci découle de la constance des rendements à l'échelle. Des rendements croissants par exemple auraient tendance à compenser la saturation du facteur fixe.

Ce second corollaire restreint le domaine de définition de la fonction de production à la portion de la courbe de production dans laquelle les productivités marginales sont positives et décroissantes (du point d'inflexion A au maximum B sur le graphique 1), soit:

$$f' > 0 \text{ et } f'' < 0$$

où f' et f'' désignent les dérivées première et seconde de y.

Une fonction de production vérifiant les hypothèses et les corollaires ci-dessus est dite « régulière » ou « classique ». Elle est croissante et concave (graphique 2).

Graphique 1 : Les courbes de productivité à coefficients flexibles

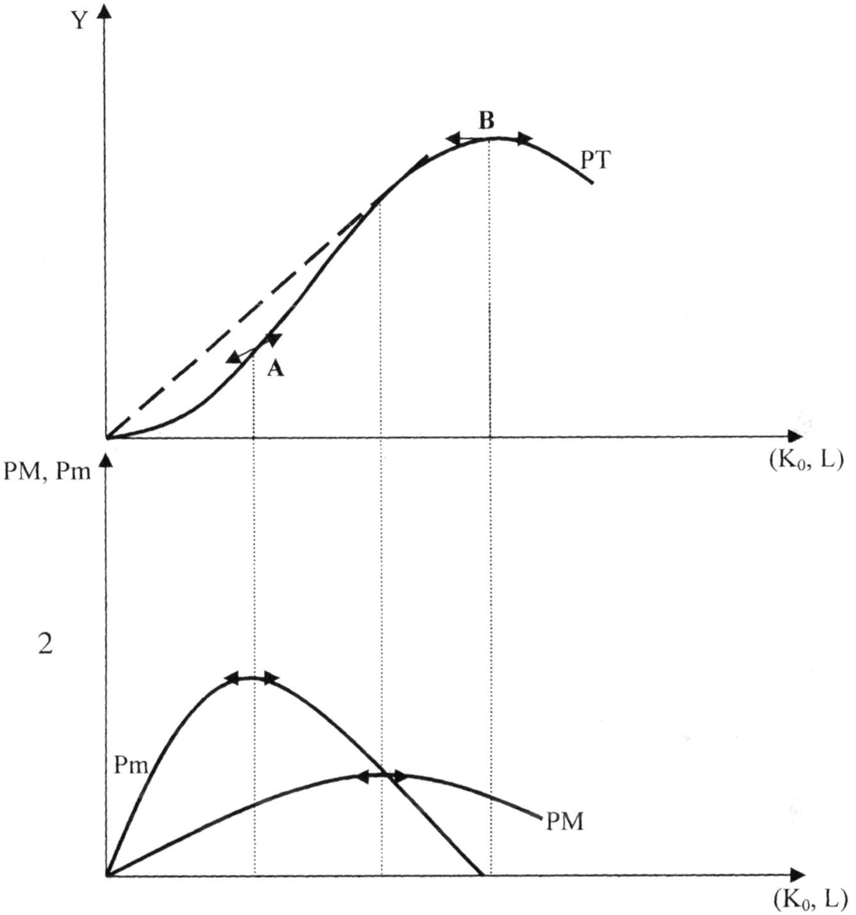

PT = productivité totale
PM = productivité moyenne } du facteur variable (ici le travail)
Pm = productivité marginale

Graphique 2 : La fonction de production « régulière »

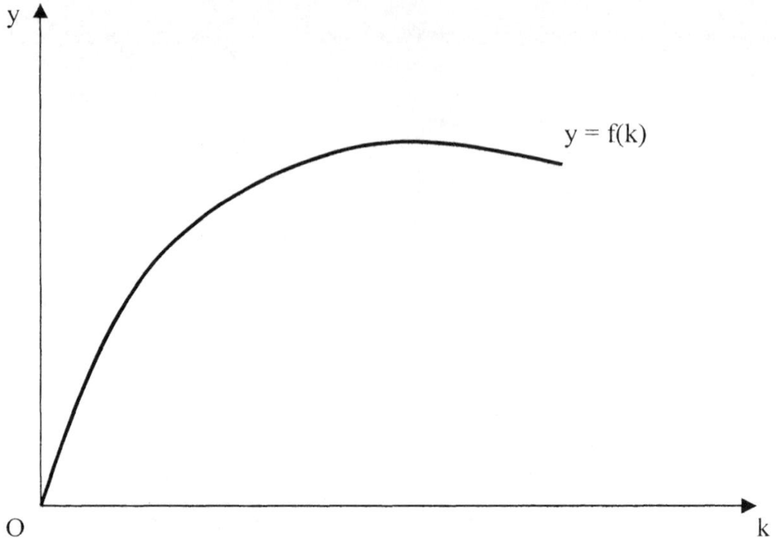

B. Les principales fonctions de production

B.1. La fonction à coefficients fixes (ou à facteurs complémentaires)

Le type représentatif de cette famille de fonctions est la fonction Walras-Léontief. La fonction globale s'écrit :

$Y = \text{Min}\,(K/v, L/u)$

Le « Min » indique que la combinaison productive se fixe au niveau de la quantité la plus petite entre parenthèses, ou encore que cette combinaison est déterminée par le facteur le plus rare.

Les coefficients u et v sont des constantes désignant respectivement les quantités de travail et de capital nécessaires à l'obtention d'une unité de produit. Ils sont déterminés par les relations indépendantes (autant de relations que de facteurs) reliant le produit aux facteurs dans des proportions fixes :

$$K = vY \qquad (1)$$

$$L = uY \qquad (2)$$

Il n'y a donc pas de substitution entre les facteurs (élasticité de substitution nulle).

On en déduit les coordonnées de la fonction globale (graphique 3):

Y = K/v =L/u

L = K (u/v)

Graphique 3 : Courbes de productivité à coefficients fixes

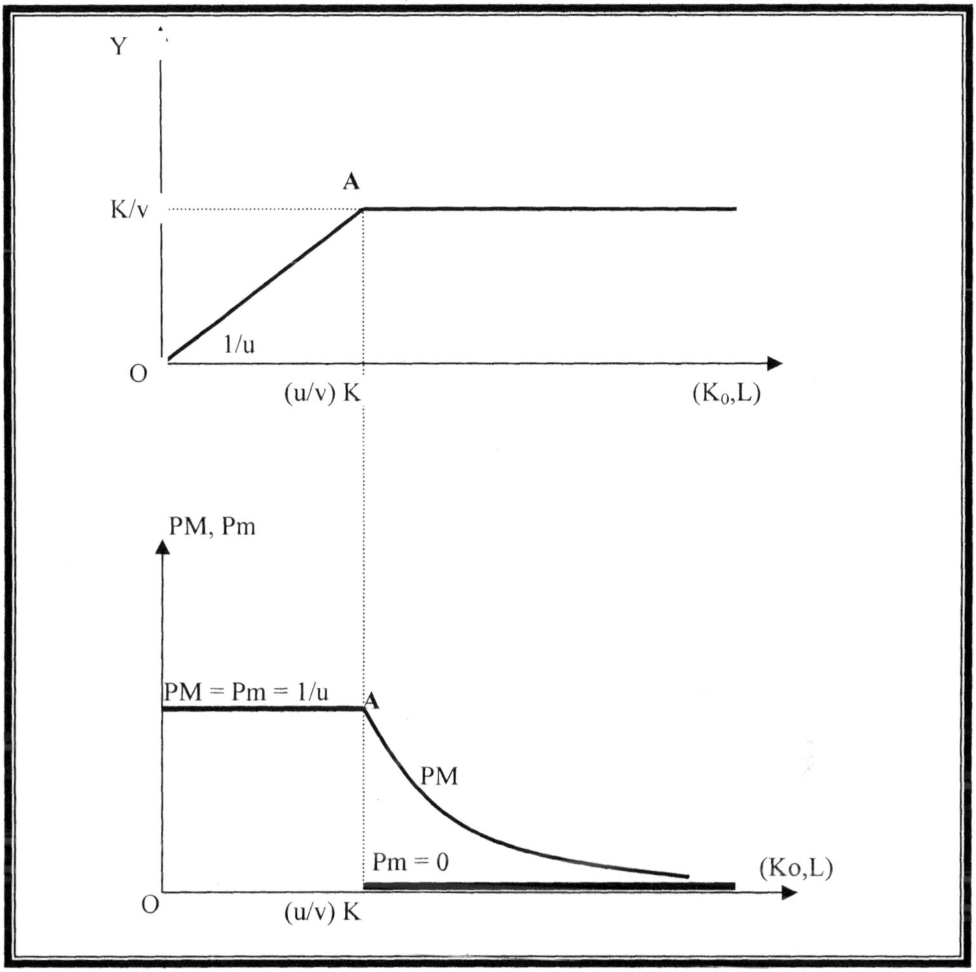

Noter que l'hypothèse de coefficients fixes implique celle d'optimalité. Le coude A s'identifie en effet au coude de l'isoquant 1 (graphique 4). Ce coude se situe sur le sentier d'expansion (lieu comme on le sait des combinaisons d'équilibre). Les facteurs doivent être combinés dans la proportion v/u (les relations (1) et (2) donnent K/L = v / u).

La fonction de courte période comporte ainsi deux branches de part et d'autre de l'optimum A (graphique 3) :

- Une branche croissante (OA) où la productivité (moyenne et marginale) est positive et constante (PM = Pm = 1/u).
- Une branche horizontale au-delà de A où la productivité marginale est nulle (Y constant et donc $\partial Y/\partial L = 0$), et la productivité moyenne décroissante (Y constant et L croissant, donc Y/L décroissant)

Graphique 4 : Isoquants à coefficients fixes

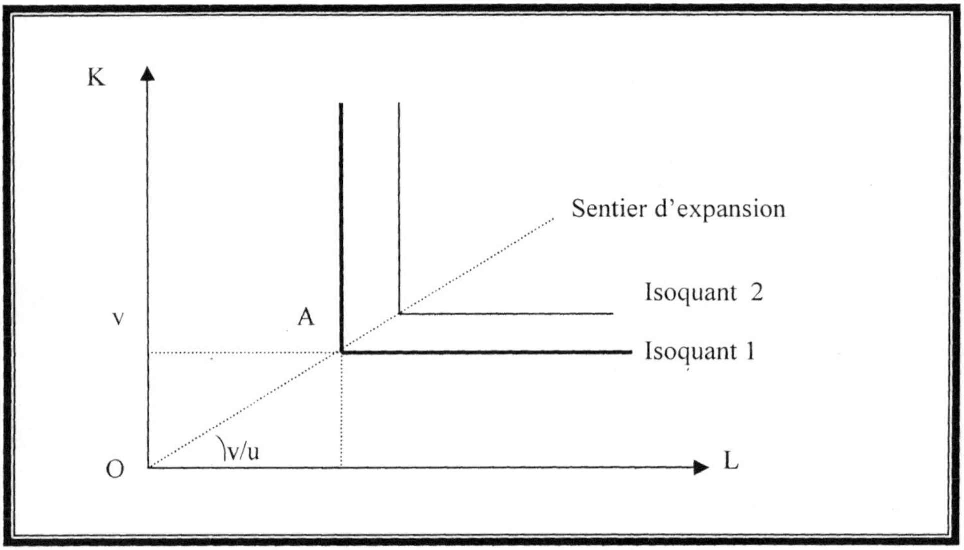

Si les rendements sont constants, la fonction globale peut s'écrire :

$y = Y/L = \min (k/v, 1/u)$

Des relations (1) et (2) on déduit également les coordonnées de la fonction « par tête » (graphique 5) :

$k = K/L = v / u$

et

$y = Y/L = 1/u$

Graphique 5 : Fonction de production à coefficients fixes

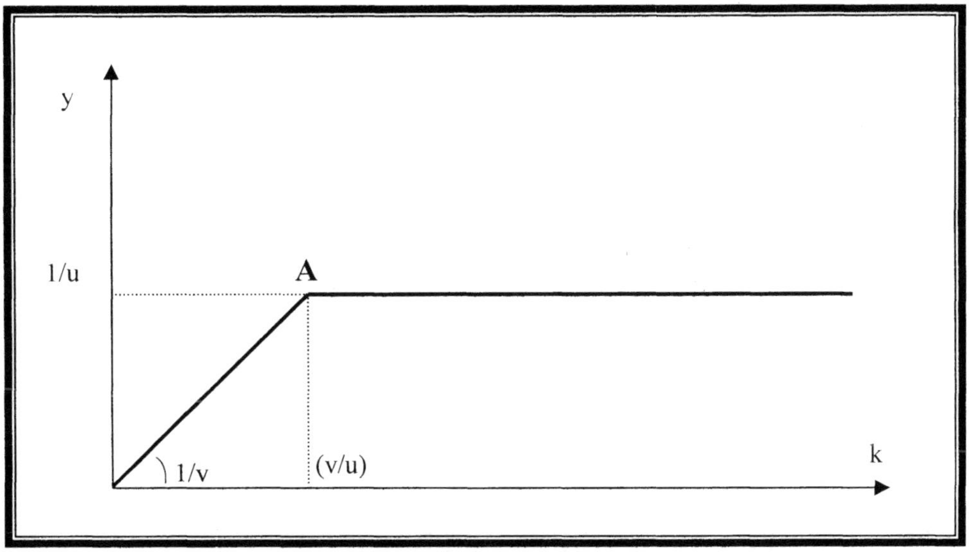

B.2. La fonction à coefficients variables (ou à facteurs substituables)

La fonction représentative est la Cobb-Douglas, qui possède toutes les propriétés de la fonction « régulière » définie plus haut.

La fonction globale s'écrit :

$Y = A\ K^{\alpha}L$

où α et β désignent respectivement l'élasticité du produit Y par rapport au capital et au travail. A est un paramètre de dimension permettant notamment de prendre en compte le progrès technique. La fonction de courte période se réduit donc à :

$Y = K^{\alpha}L^{\beta}$

Pour $Y = Y_0$, l'isoquant a pour expression :

$K = Y_0^{\ 1/\alpha}\ L^{-\beta/\alpha}$

On vérifie qu'il est hyperbolique (graphique 6a)[4].

---

[4] $dK/dL = Y_0^{\ 1/\alpha}\ (-\beta/\alpha)\ L^{-\beta/\alpha-1} = (-\beta/\alpha)[Y_0^{\ 1/\alpha}\ L^{-\beta/\alpha}] / L = -(\beta/\alpha)\ K/L < 0$
$d^2K/dL^2 = -\beta/\alpha\ \{[L\ dK/dL - K] / L^3\} > 0$, puisque $L\ dK/dL < K$

La fonction à rendements constants

On montre que le degré d'homogénéité de la fonction globale est égal à $\alpha + \beta$, en posant :

$$(hK)^{\alpha}(hL)^{\beta} = h^{\alpha+\beta} Y$$

Les rendements sont donc constant si

$$\alpha + \beta = 1$$

La fonction globale s'écrit alors :

$$Y = K^{\alpha}L^{1-\alpha}$$

Il est important de comprendre qu'en rendements constants l'hypothèse de flexibilité des coefficients n'est plausible que le long d'un isoquant, lieu de substitution des facteurs, et non sur le sentier d'expansion, où la proportion des facteurs K/L est fixe. La flexibilité est en effet un processus d'ajustement, qui ne joue qu'en dehors du sentier pour restaurer l'équilibre. Ceci permet notamment de comprendre pourquoi la fonction à coefficients fixes peut être utilisée dans le modèle néo-classique (comme l'a fait Solow) sans rien changer aux conclusions du modèle. L'ajustement y étant supposée automatique et l'équilibre étant postulé, L'économie néo-classique croît constamment sur le sentier d'équilibre.

Sur le graphique 6a, les rendements constants sont décrits par un sentier d'expansion linéaire sur une carte d'isoquants équidistants. Aux points d'équilibre (points de tangence entre isoquants et isocoûts) A, B, C, le rapport K/L est constant et égal à la tangente de l'angle μ.

Noter que le sentier d'expansion serait, sur une carte d'isoquants équidistants, une courbe croissante et concave (graphique 6b, 1) en rendements croissants (K/L décroissant pour des accroissements égaux de production), et convexe en rendements décroissants (graphique 6b, 2)

Les rendements constants permettent d'écrire :

$$y = Y/L = (K/L)^{\alpha}(L/L)^{1-\alpha} = k^{\alpha}$$

La fonction est croissante et concave ($y' > 0$, $y'' < 0$) comme la fonction « régulière » du graphique 2. On a en effet, avec $\alpha + \beta = 1$ et donc $0 < \alpha < 1$:

$y' = \alpha k^{\alpha-1} > 0$

$y'' = \alpha(\alpha-1)\, k^{\alpha-2} < 0$

On vérifie[5] que l'élasticité de substitution σ est égale à 1.

Graphique 6a : Isoquants à coefficients flexibles et sentier d'expansion à rendements constants

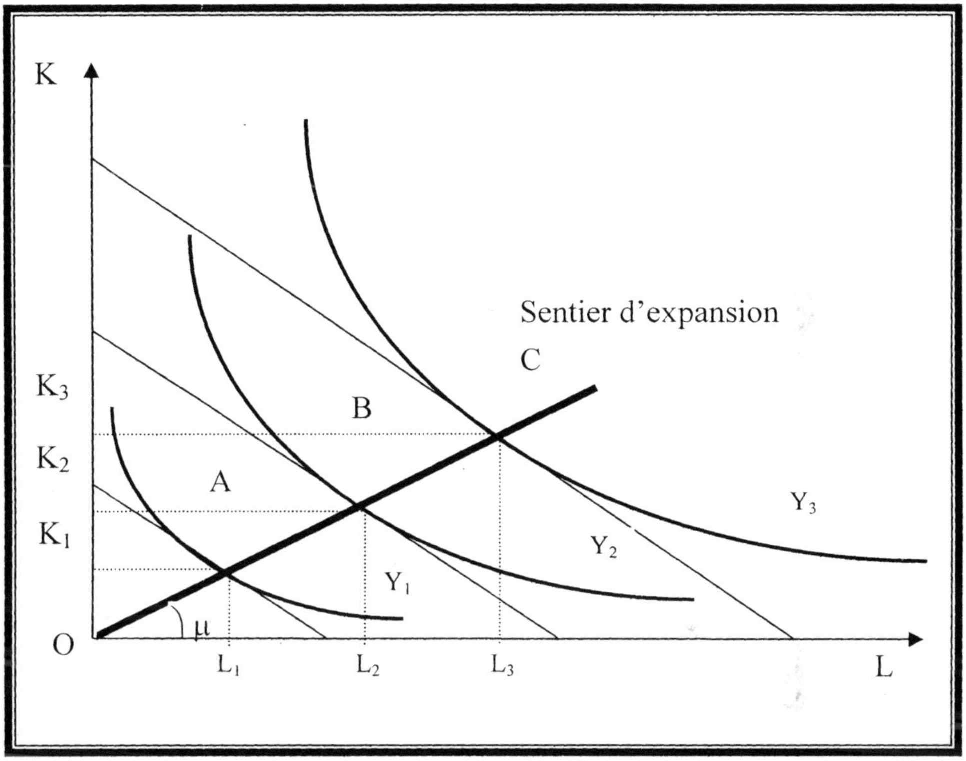

[5] $\sigma = (dk / k) / (dR / R) = (R / k) / (dR / dk)$
où R désigne le taux marginal de substitution de L à K, égal au rapport F'_L / F'_K des productivités marginales.
$F'_L = dY / dL = (1-\alpha) K^{\alpha} L^{-\alpha} = K^{\alpha} / L^{\alpha} = (1-\alpha) k^{\alpha}$
$F'_k = dY / dK = \alpha K^{\alpha-1} L^{1-\alpha} = \alpha (K / L)^{\alpha-1} = \alpha k^{\alpha-1}$
On en déduit $R = F'_L / F'_K = [(1-\alpha) / \alpha] \cdot k$ et
$\sigma = (R / k) / (dR / dk) = [(1-\alpha) / \alpha] / [(1-\alpha) / \alpha] = 1$

Graphique 6b : Sentiers d'expansion à rendements croissants (1) et décroissants (2)

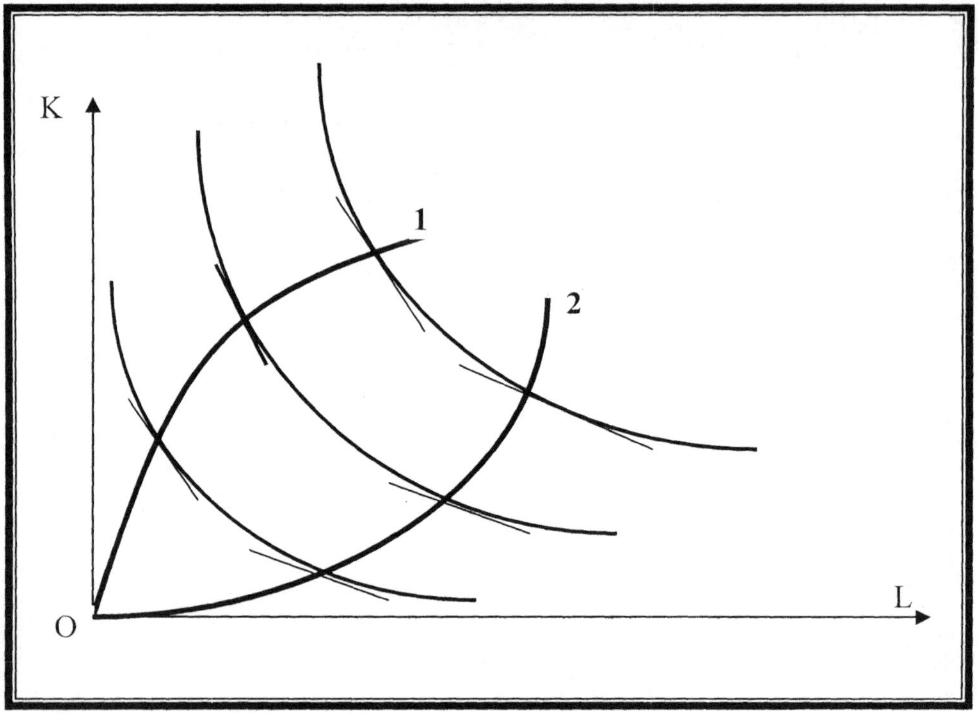

B.3. La fonction CES

Cette classe de fonction a été mise au point de façon indépendante par Arrow, Chenery, Minhas et Solow d'une part, Brown et de Cani d'autre part[6]. Il s'agit d'un cas général permettant de prendre en compte la variation des parts relatives des facteurs et des rendements à l'échelle, ainsi que des valeurs quelconques (et constantes) de l'élasticité de substitution (on se rappelle que celle ci est fixée à l'unité pour la Cobb-Douglas, et à zéro pour la fonction Walras-Léontief).

L'expression de la fonction globale s'écrit :

---

[6] K. J. Arrow, H. B. Chenery, B.S. Minhas et R. M. Solow, "Capital-Labor Substitution and Economic Efficiency". *Review of Economics and Statistics*, 43, Août 1961, pp 225-250.
Murray Brown et John S. de Cani, « Technological Change and the Income Distribution ». *International Economic Review*, 4, September 1963, pp 289-309.

$Y = (AK^{-\gamma} + BL^{-\gamma})^{-1/\gamma}$

Où A et b sont des paramètres de répartition et γ un paramètre de substitution. Sous sa forme par tête, cette fonction s'écrit

$y = (ab^{-\gamma} + b)^{-1/\gamma}$

L'élasticité de substitution s'écrit $\sigma = 1 / (1+\gamma)$

Les fonctions Cobb-Douglas et Walras-Léontief apparaissent comme des cas particuliers de la fonction CES. Lorsque γ tend vers l'infini, l'élasticité de substitution tend vers zéro, ce qui revient au cas Léontief. A l'inverse, lorsque γ tend vers zéro, σ tend vers 1, ce qui revient au cas Cobb-Douglas. Le graphe de la fonction présente une asymptote en $b^{-1/\gamma}$, limite de la fonction lorsque k tend vers l'infini (graphique 7).

Graphique 7 : La fonction CES

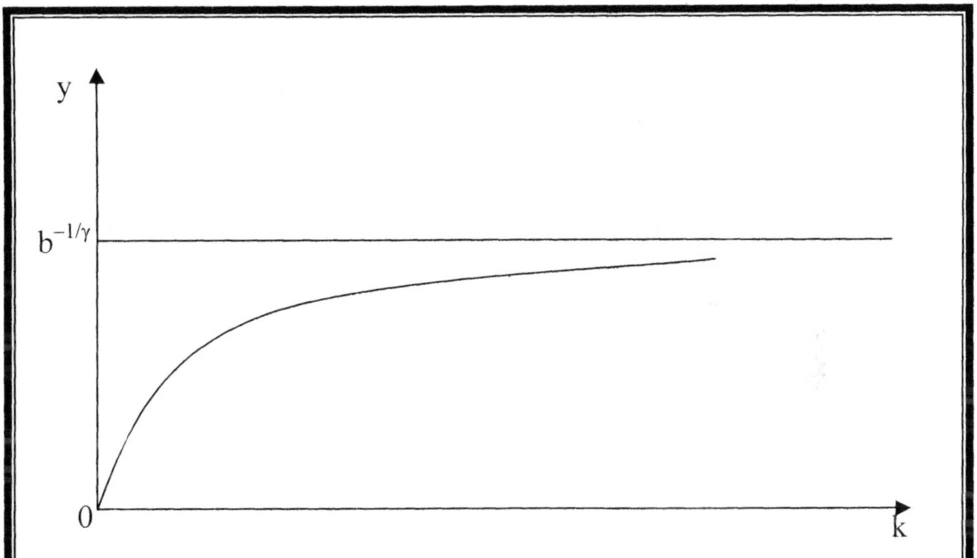

PLAN DE L'OUVRAGE

L'ouvrage comporte neuf chapitres :

- Le premier étudie les mécanismes de fluctuations, en mettant en exergue le rôle central des retards d'ajustement et l'interaction multiplicateur-accélérateur ;

- Le deuxième examine les modèles théoriques de fluctuations, à partir du modèle de l'oscillateur de Samuelson, ainsi qu'une esquisse de ses principales extensions sur l'exemple du modèle de Metzler ;
- Le troisième présente une introduction à la théorie des cycles économique réels, mettant en évidence la transition des théories keynésiennes de la demande aux théories de l'offre de la nouvelle économie classique, ainsi que le dépassement de la théorie des cycles à l'équilibre ;
- Le quatrième présente dans une optique de statique comparative, la théorie fondamentale de la croissance comme théorie de l'ajustement du stock de capital. Il comporte une introduction qui rappelle les principaux types de croissance ;
- Le cinquième introduit le progrès technique dans la théorie fondamentale. En conservant l'approche de statique comparative, on examine les modèles de croissance sous les différentes hypothèses de neutralité du progrès technique autonome, les modèles à progrès technique induit, et les modèles à génération de capital ;
- Le sixième chapitre examine le rôle de la répartition des revenus dans la croissance, axé sur les comportements d'épargne des travailleurs et des entrepreneurs dans les modèles de Kaldor.
- Le septième analyse les effets de la monnaie sur la croissance, autour de la controverse keynésiens-néoclassiques sur la neutralité de la monnaie ;
- Le huitième chapitre présente la théorie de la croissance optimale, qui apparaît comme une généralisation du modèle néo-classique, avec la « règle d'or de l'accumulation » de Phelps et le théorème du « Turnpike » ;
- Le neuvième chapitre enfin présente une brève introduction aux nouvelles théories de la croissance, laquelle prend appui sur les lacunes méthodologiques de la théorie de la croissance et la théorie de la croissance endogène.

Chapitre I

Les mécanismes de fluctuations

I.1. Le fondement des fluctuations : les retards d'ajustement

La théorie des fluctuations a pour objet l'étude des processus et des rythmes d'ajustement du système économique après un déséquilibre initial. Celui-ci résulte de la divergence (ou retard d'ajustement, écart, décalage) entre les grandeurs ex post (ou effectives, réalisées) et ex ante (ou désirées, anticipées), divergence qui constitue le fondement de la théorie des fluctuations.

Dans l'hypothèse de prévision parfaite, ces grandeurs sont confondues. C'est le cas par exemple, de l'assimilation du coefficient de capital et du coefficient d'accélération dans les traités élémentaires. Toutefois l'hypothèse réaliste pour l'analyse des fluctuations est celle de prévision imparfaite.

On distingue entre les retards simples (une période) et les retards échelonnés.

I.1.1. Les retards simples d'ajustement

Les plus couramment utilisés sont les retards de Robertson et de Lundberg :

- **Le retard de Lundberg (1936)** suppose que la production (Y_t) dépend de la demande de la période antérieure (D_{t-1}). Parmi les modèles dynamiques fondés sur ce retard, l'on peut citer le modèle de Metzler, qui introduit les comportements de stockage des entrepreneurs dans le modèle de l'oscillateur (cf infra, les extensions du modèle fondamental de Samuelson).
- **Le retard de Robertson (1954)** suppose quant à lui, que la consommation dépend du revenu de la période antérieure. L'hypothèse de Robertson est notamment utilisée dans le modèle de Samuelson, sous la forme d'une fonction de consommation retardée $C_t = \alpha\, Y_{t-1}$

I.1.2. Les retards échelonnés

Les deux retards ci-dessus peuvent être distribués dans le temps suivant une série μ donnée L'on suppose alors que l'ajustement s'échelonne dans le temps, et qu'une proportion μ_i ($i = 1, 2, \ldots\infty$) du déséquilibre initial est résorbée à chaque période.

En reprenant le retard de Lundberg, l'on peut écrire

$Y_t = \mu_1 D_{t-1} + \mu_2 D_{t-2} + \ldots$

Où les μ sont des coefficients positifs ou nuls caractérisant la série μi de distribution des retards dans le temps, tels que

$$\sum_{i=1}^{\infty} \mu_i = 1$$

C'est-à-dire que tout retard finit par être résorbé. Le retard simple représente alors un cas particulier où $\mu_1 = 1$, et $\mu_2 = \mu_3 = \ldots = 0$

Les distributions linéaires et géométriques de retards sont les plus fréquemment rencontrées.

1. Les distributions linéaires de retards

On suppose dans ce cas que la série μ_i reste constante, c'est-à-dire que $\mu_1 = \mu_2 = \mu_3 = \ldots$

C'est le cas par exemple dans l'accélérateur flexible de Koyck, lorsque les coefficients μ_i sont constants, soit

$I_t = \beta\,[\mu_0\,(Y_t - Y_{t-1}) + \ldots + \mu_i\,(Y_{t-i} - Y_{t-i-1})]$

Avec $\mu_0 = \mu_1 = \ldots\ \mu_i = \ldots$

2. Les distributions géométriques de retards

On suppose dans ce cas que la série μ_i suit une progression géométrique décroissante, c'est-à-dire que la fraction de l'écart initial résorbée à chaque période est décroissante. La condition

$\sum_{i=1}^{\infty} \mu_i = 1$ s'écrit alors

$\mu\,(1 + r + r^2 + \ldots) = 1$

série géométrique de raison r

Soit encore, pour $r < 1$,

$\mu / (1 - r) = 1$

On en déduit

$$r = 1 - \mu$$

En reprenant le retard de Lundberg, nous avons alors

$Y_t = \mu\ [D_{t-1} + (1-\mu)D_{t-2} + (1-\mu)^2 D_{t-3} + \ldots]$

dont on peut en déduire la *vitesse d'ajustement* par une transformation de Koyck. Pour cela on écrit Y_t pour t-1, on multiplie par $(1 - \mu)$ et on retranche membre à membre de Y_t. Soit

$Y_t - (1-\mu)Y_{t-1} = \mu D_{t-1}$ [7]

Soit encore

$Y_{t+1} - (1-\mu)Y_t = \mu D_t$

Et

$Y_{t+1} - Y_t + \mu Y_t = \mu D_t$

En posant $Y_{t+1} - Y_t = \Delta Y_t$ il vient

$$\Delta Y_t = \mu\ (D_t - Y_t)$$

μ peut alors être interprété comme la **vitesse d'ajustement** du produit Y_t aux valeurs passées de la demande nette.

L'on peut alors poser $\mu = 1/T$, T étant la durée du retard. Une fraction μ de l'écart $(D_t - Y_t)$ est alors résorbée à la première période par l'ajustement de Y, et on prévoit de résorber l'écart sur un horizon T. Si la distribution est linéaire, μ est constant, 1/T aussi.

L'exemple classique de distribution géométrique des retards est celui de l'accélérateur flexible de Koyck (1954), lorsque les coefficients μ sont variables selon une progression géométrique. Au lieu de supposer que le capital est proportionnel à la production à une date donnée (β = Cte), soit $K_t = \beta.Y_t$ ou $I_t = \beta.\Delta Y_t$, Koyck suppose que les entrepreneurs maintiennent leur capacité à un niveau proportionnel à une somme pondérée des productions antérieures, tel que le capital

---

[7] $(1-\mu)Y_{t-1} = \mu\ [(1-\mu)D_{t-2} + (1-\mu)^2 D_{t-3} + \ldots]$

réalisé à chaque période soit une fraction μ décroissante de Y selon une progression géométrique, soit

$$K_t = \beta(Y_t + \mu Y_{t-1} + \mu^2 Y_{t-2} + \ldots + \mu^i Y_{t-i} + \ldots).$$

Dans ces conditions, le coefficient d'accélération β est variable sur la période considérée, et n'est plus qu'en moyenne égal à sa valeur d'équilibre. β représente alors le poids de l'année considérée dans le processus d'ajustement (ou d'adaptation) du stock de capital.

La transformation de Koyck nous donne, en établissant l'équation de Kt pour t-1 multipliée par μ,

$$\mu K_{t-1} = \beta(\mu Y_{t-1} + \mu^2 Y_{t-2} + \ldots + \mu^i Y_{t-i} + \ldots).$$

En soustrayant membre à membre, il vient

$K_t - \mu K_{t-1} = \beta Y_t$ Ou encore $K_t = \beta Y_t + \mu K_{t-1}$

On en déduit la *fonction d'investissement net*[8] en posant

$$\Delta K_t = I_t = K_t - K_{t-1} = \beta Y_t + \mu K_{t-1} - K_{t-1}$$

Soit finalement

$$\boxed{I_t = \beta Y_t - (1-\mu)K_{t-1}}$$

Qui indique que l'investissement est une fonction croissante du niveau de production et une fonction décroissante du stock de capital.

I.2. Les mécanismes d'interaction multiplicateur-accélérateur : la typologie des mouvements économiques

I.2.1. Analyse discontinue

Reprenons l'équation aux différences finies du premier ordre du paragraphe C4

$$Y_t = [\beta / (\beta-s)]\, Y_{t-1} - [G / (\beta-s)],$$

Sa résolution nous fournit un critère de classification des mouvements économiques. La solution particulière est déterminée en faisant l'hypothèse stationnaire $Y_t = Y_{t-1} = Y_E$. En substituant dans l'équation ci-dessus il vient

---

[8] Noter que pour l'investissement brut, on pose plutôt $I_t = \beta Y_t - (1-\mu)K_{t-1} + \delta K_{t-1}$, δK_{t-1} désignant l'investissement de remplacement et δ le taux de dépréciation du capital.

$Y_E = G / s$

La solution de l'équation homogène est établie quant à elle en introduisant la variable auxiliaire λ telle que $Y_t = \lambda^t$. En substituant dans l'équation homogène

$$Y_t - [\beta / (\beta\text{-}s)]\ Y_{t-1} = 0$$

il vient

$$\lambda^t - [\beta / (\beta\text{-}s)]\ \lambda^{t-1} = 0$$

Soit, en divisant par λ^{t-1}

$$\lambda = [\beta / (\beta\text{-}s)]$$

et

$$Y_t = [\beta / (\beta\text{-}s)]^t$$

La solution générale est la somme de la solution particulière et de la solution de l'équation homogène, soit

$$Y_t = A[\beta / (\beta\text{-}s)]^t + G/s$$

A étant une constante permettant de déterminer la condition initiale. On a ainsi pour $t = 0$,

$$Y_0 = A + G/s \text{ et } A = Y_0 - G/s$$

Soit finalement

$$\boxed{Y_t = (Y_0 - G/s)\ [\beta / (\beta\text{-}s)]^t + G/s}$$

L'on peut distinguer à court terme six types de mouvements économiques (ou évolutions du revenu national Y_t) autour du niveau stationnaire (G/s), par référence au profil du mouvement (mouvement régulier ou oscillation) et à sa stabilité (convergence, divergence ou stationnarité). Ceci dépend du signe et de la valeur de $\beta/(\beta\text{-}s)$ (que nous désignons par a dans la suite).

Il est important de préciser qu'il s'agit d'hypothèses commodes pour la typologie des mouvements économiques. Le modèle d'interaction multiplicateur-accélérateur du premier ordre ne possède en effet aucun mécanisme intrinsèque d'oscillations, a étant toujours positif et supérieur à 1 pour des valeurs plausibles de β et s (soit $\beta > s$). Le mouvement est normalement dans ce cas, régulier et divergent.

On parlera donc le cas échéant pour les besoins de classification, *d'oscillations impropres* (ou d'alternations) par opposition aux oscillations engendrées par les fonctions périodiques dans le modèle de l'oscillateur de Samuelson (cf infra).

➢ **Mouvements réguliers ou fluctuations**

Pour $a > 0$, on a un mouvement régulier (ou monotone) croissant ou décroissant (selon que $Y_0 > G/s$ ou $Y_0 < G/s$). Dans le cas contraire ($a < 0$), on a une alternance de valeurs négatives (valeurs impaires de t) et positives (valeurs paires) pour $(Y_0 - G/s)\,[\beta/(\beta\text{-}s)]^t$, qui oscille ainsi autour du niveau stationnaire G/s.

➢ **Convergence, divergence ou stationnarité**

Pour $a < 1$, $(Y_0 - G/s)\,[\beta/(\beta\text{-}s)]^t$ tend vers 0 pour t tendant vers l'infini, et Y_t converge vers G/s. Dans le cas contraire ($a > 1$) il y a divergence. Les mouvements stationnaires se caractérisent par $a = 1$ pour les mouvements réguliers, et $a = -1$ pour les fluctuations.

Le tableau ci-dessous résume et décrit graphiquement cette classification.

	CONVERGENCE	DIVERGENCE	STATIONNARITE
Mouvements réguliers	**0 < a < 1** 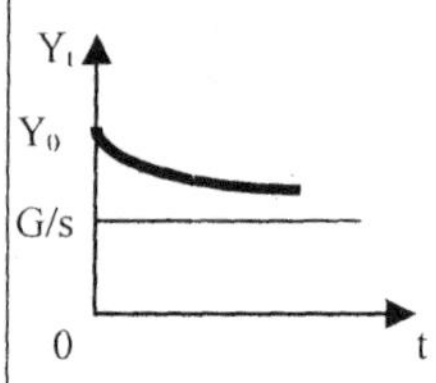	**a > 1** 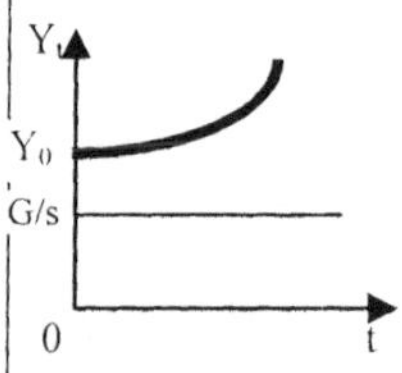	**a = 1** 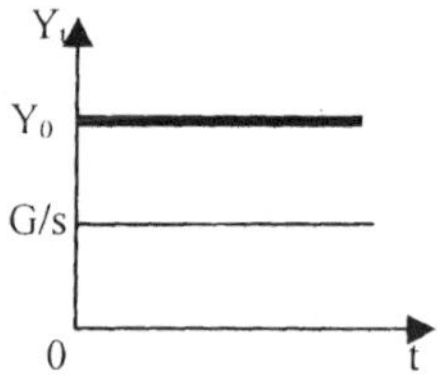
Fluctuations	**-1 < a < 0** 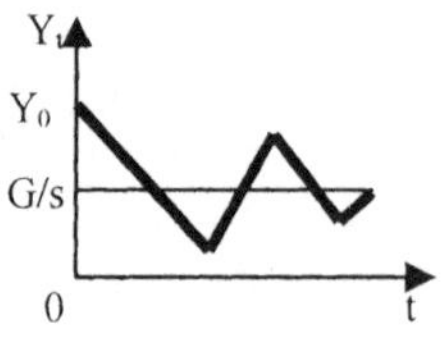	**a < -1** 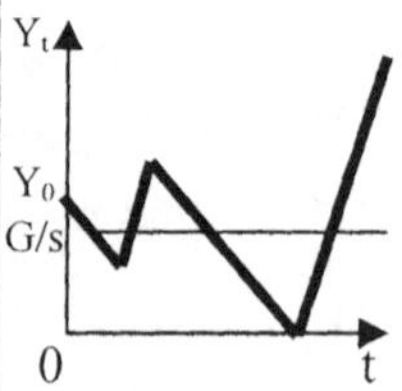	**a = -1** 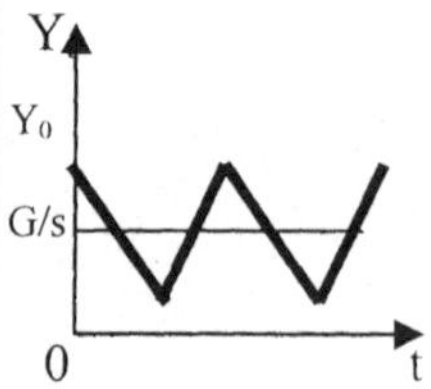

I.2.2. Le cas particulier du cobweb

Il s'agit d'une application des oscillations impropres à l'étude du cheminement du prix d'un produit agricole non stockable[9]. Nous nous limiterons au cas simple où les anticipations de prix sont de type extrapolatif.

Soit le système d'équation suivant qui décrit l'équilibre sur le marché du produit considéré :

- l'offre est décrite par

$S_t = ap_{t-1} - b$ (1)

Où S_t est la quantité offerte, supposée dépendre du prix en t-1 (pour tenir compte du cycle de reproduction des plantes).

- La demande est donnée par

$D_t = -a'p_t + b'$ (2)

L'équilibre est défini par

$St = Dt$ (3)

L'on peut donc écrire

$ap_{t-1} - b = - a'p_t + b'$

ou

$- a'p_t = ap_{t-1} - (b + b')$

et

$$\boxed{p_t = -\frac{a}{a'}p_{t-1} + \frac{b+b'}{a'}}$$

qui est une équation aux différences finies du premier ordre en p_t.

La solution particulière est déterminée en posant

$P_t = p_{t-1} = p_E$

p_E étant le prix d'équilibre. L'on déduit

[9] Noter que ce modèle repose sur des anticipations statiques (ou extrapolatives), qui constituent le point de départ de la théorie des anticipations.

$$p_t = \frac{b+b'}{a+a'}$$

La solution de l'équation homogène

$$p_t + \frac{a}{a'} p_{t-1} = 0$$

est obtenue en posant l'équation auxiliaire

$$\lambda^t + \frac{a}{a'} \lambda^{t-1} = 0$$

avec $\lambda^t = p_t$

On en déduit

$$\lambda = -\frac{a}{a'}$$

et

$$p_t = \left(-\frac{a}{a'}\right)^t$$

La solution générale est donnée par

$$p_t = A\left(-\frac{a}{a'}\right)^t + \frac{b+b'}{a+a'}$$

où A est une constante arbitraire, permettant de déterminer la condition initiale

$$p_0 = A + \frac{b+b'}{a+a'} \quad \text{et} \quad A = p_0 - \frac{b+b'}{a+a'}$$

Soit finalement

$$\boxed{p_t = \left(p_0 - \frac{b+b'}{a+a'}\right)\left(-\frac{a}{a'}\right)^t + \frac{b+b'}{a+a'}}$$

On constate que le terme (– a/a') est négatif, ce qui détermine des oscillations impropres soit amorties (pour -a/a' >-1), soit explosives (pour –a/a' <-1), soit stationnaires (pour –a/a' = -1).

L'on représente traditionnellement cette fluctuation du prix par un graphique stationnaire affectant la forme d'une toile d'araignée (cobweb), dont la forme (convergente ou convergente) dépend des pentes comparées de fonctions d'offre et de demande. Trois cas peuvent se présenter :

1. a > a'

C'est-à-dire - a/a'> -1. La pente de la fonction d'offre est supérieure à celle de la fonction de demande, et le cobweb est convergent (graphique 8).

Graphique 8 : Cobweb convergent

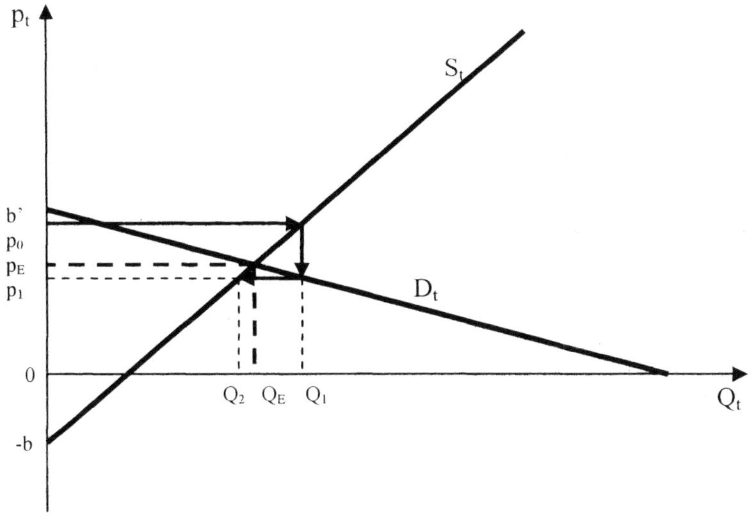

L'interprétation économique du graphique est la suivante:

- Le prix p0 induit une offre Q_1 pour la période suivante, qui s'avère plus élevé que la demande ($S_t > D_t$ en Q_1),
- Ce qui induit une baisse du prix qui passe à p1. Ce prix plus faible induit une baisse de l'offre qui tombe à Q_2 pour la période suivante.
- En poursuivant cette séquence, on voit qu'en Q_2 la demande est supérieure à l'offre, ce qui induit une hausse du prix qui à son tour induit une nouvelle hausse de l'offre pour la période suivante etc…etc. La toile converge ainsi vers l'équilibre (p_E,Q_E).

2. a < a'

La pente de l'offre est inférieure à celle de la demande, et l'on établit aisément que le cobweb est divergent.

3. a = a'

Le cobweb est stationnaire.

I.2.3. Analyse continue

Reprenons l'équation différentielle du paragraphe C4,

$$sY - \beta\left[\frac{dY}{dt}\right] = G$$

La solution particulière est obtenue en supposant Y constant selon l'hypothèse stationnaire. Soit

sY – 0 = G et Y = G/s

La solution de l'équation homogène

$$sY - \beta\left[\frac{dY}{dt}\right] = 0$$

s'obtient par intégration après séparation des variables, soit

$$\int\frac{dY}{Y} = \left(\frac{s}{\beta}\right)\int dt$$

ou

$$LogY = \left(\frac{s}{\beta}\right)t + C$$

et

$$Y = \ell^{\left(\frac{s}{\beta}\right)t+C}$$

En posant $k = \ell^C$ il vient

$$Y = k\ell^{\left(\frac{s}{\beta}\right)t}$$

La solution générale est alors

$$Y = k\ell^{\left(\frac{s}{\beta}\right)t} + \frac{G}{s}$$

La constante k étant déterminée par la condition initiale $Y_0 = k + G/s$ et $k = Y_0 - G/s$. En substituant dans la solution générale on obtient

$$Y = \frac{G}{s} + \left[Y_0 - \frac{G}{s}\right]\ell^{\left(\frac{s}{\beta}\right)t}$$

L'utilisation de ce résultat pour la typologie des mouvements économiques appelle les remarques suivantes :

- *Il n'y a pas d'oscillations impropres dans le cas continu.* La comparaison avec le cas discret est ambiguë à cet égard. On aurait en effet en écriture discrète

$$Y = \frac{G}{s} + \left[Y_0 - \frac{G}{s}\right]\left(1 + \frac{s}{\beta}\right)^t,$$

c'est-à-dire des oscillations impropres pour $(1 + s/\beta) < 0$, donc pour $|s/\beta| > 1$. Or cette dernière condition indique uniquement la vitesse de variation (convergence ou divergence) dans le cas continu, laquelle est d'autant plus élevée que s est élevé.

- Par contre la condition de convergence (divergence), soit $s/\beta < 0$ $(s/\beta > 0)$, se déduit sans ambiguïté de la condition correspondante dans le cas discontinu, soit $1 + s/\beta < 1$ $(1 + s/\beta > 1)$. Y converge en effet pour $s/\beta < 0$ dans le cas continu lorsque t tend vers l'infini, et diverge dans le cas contraire.

Chapitre II

Les modèles théoriques de fluctuations

La typologie des modèles théoriques de fluctuations met en exergue les facteurs explicatifs privilégiés. On peut ainsi distinguer les théories réelles, qui mettent l'accent sur le rôle des facteurs réels tels que l'investissement, la répartition des revenus et l'innovation, et les théories monétaires qui privilégient l'impact des variations du pouvoir d'achat de la monnaie et du crédit sur la structure des échanges.

Il s'agit essentiellement des modèles d'accélération et de capacité, privilégiant le rôle de la demande. La théorie de référence est représentée par l'oscillateur de Samuelson et ses principales extensions.

II.1. L'oscillateur de Samuelson-Hansen[10]

II.1.1. Les hypothèses

Le modèle repose sur trois hypothèses empruntées à Hansen :

- Le revenu national Y_t à un instant t, a trois composantes : la dépense gouvernementale G_t supposée égale à l'unité, la dépense de consommation C_t, l'investissement privé induit I_t, soit

$Y_t = C_t + I_t + 1$ (1)

- La consommation est déterminée par le revenu de la période antérieure, selon un retard de type Robertson, soit $C_t = \alpha .Y_{t-1}$, α désignant la propension marginale à consommer.
- L'investissement résulte du jeu de l'accélérateur dans le secteur des biens de consommation, soit $I_t = \beta.(C_t - C_{t-1})$.

La résolution du modèle montre que le cheminement temporel du revenu national dépend des valeurs de α et β.

---

[10] P. A. Samuelson. « Interactions Between the Multiplier Analysis and the Principle of Acceleration ». *Review of Economics and Statistics*, 21, Mai 1939
A. H. Hansen. *Business-Cycle Theory : Its Development and Present Status*. Ginn, 1927

II.1.2. La résolution algébrique du modèle

En remplaçant dans (1) G_t, C_t et I_t par leurs valeurs, il vient

$Y_t = \alpha . Y_{t-1} + \beta.(C_t - C_{t-1}) + 1$

ou $Y_t = \alpha (1 + \beta) Y_{t-1} - \alpha \beta . Y_{t-2} + 1$ (2)

Equation aux différences finies dont la solution générale est donnée par la somme de la solution particulière et de la solution de forme homogène. La solution particulière est obtenue en faisant l'hypothèse stationnaire $Y_t = Y_{t-1} = Y_{t-2} = Y_E$, Y_E étant le revenu d'équilibre. La solution de la forme homogène est obtenue en introduisant l'équation auxiliaire

$X^t = \alpha (1 + \beta).X^{t-1} - \alpha \beta . X^{t-2}$

où $X^t = Y_t$

en divisant par X^{t-2} il vient

$$X^2 - \alpha (1 + \beta).X + \alpha \beta = 0 \qquad (3)$$

L'équation caractéristique des racines X_1 et X_2 de la forme quadratique (3) est exprimée en fonction du discriminant $\Delta = (b^2 - 4ac)$, avec $a = 1$, $b = - \alpha (1 + \beta)$ et $c = \alpha \beta$. Soit

$$X_1, X_2 = \left[\frac{\alpha(1+\beta) \pm \sqrt{\alpha^2 (1+\beta)^2 - 4\alpha\beta}}{2} \right]$$

La solution générale peut donc s'écrire

$$Y_t = A_1 \left[\frac{\alpha(1+\beta) + \sqrt{\alpha^2 (1+\beta)^2 - 4\alpha\beta}}{2} \right]^t + A_2 \left[\frac{\alpha(1+\beta) - \sqrt{\alpha^2 (1+\beta)^2 - 4\alpha\beta}}{2} \right]^t + \frac{1}{1-\alpha} \qquad (4)$$

A_1 et A_2 sont des constantes arbitraires dépendant des α et β choisis, et permettant de déterminer les conditions initiales Y_0 et Y_1 pour $t = 0$ et $t = 1$. On obtient le système suivant, que l'on peut résoudre en A_1 et A_2 pour Y_0, Y_1, α et β donnés. On substitue ensuite les valeurs trouvées dans la solution générale.

$$\begin{cases} Y_0 = A_1 + A_2 + \dfrac{1}{1-\alpha} \\ Y_1 = A_1 \left[\dfrac{\alpha(1+\beta) + \sqrt{\alpha^2 (1+\beta)^2 - 4\alpha\beta}}{2} \right] + A_2 \left[\dfrac{\alpha(1+\beta) - \sqrt{\alpha^2 (1+\beta)^2 - 4\alpha\beta}}{2} \right] + \dfrac{1}{1-\alpha} \end{cases}$$

II.1.3. La détermination des ensembles de valeurs de α et β qui engendrent les différents types d'évolution du revenu national

Selon que les racines de l'équation (4) sont réelles ou complexes, supérieures ou inférieures à l'unité, les mouvements du revenu national seront monotones ou oscillatoires, explosifs ou amortis.

1. Mouvements monotones ou oscillatoires

Les racines de (4) seront réelles ou complexes selon que le discriminant $\Delta = [\alpha^2 (1 + \beta)^2 - 4\alpha \beta]$ sera positif ou négatif. Δ sera positif pour

$$\boxed{\alpha > \frac{4\beta}{(1+\beta)^2}}$$

et négatif dans le cas contraire. Dans ce dernier cas la solution fait intervenir les fonctions périodiques sinus et cosinus, qui déterminent des oscillations[11].

2. Mouvements explosifs ou amortis

La solution générale (4) décompose le mouvement économique en une composante d'équilibre $[1/(1-\alpha)]$ et une composante représentant la déviation par rapport à l'équilibre. Cette dernière composante converge vers l'équilibre si les racines de (4) sont inférieures à l'unité en valeur absolue (pour tenir compte de la possibilité de racines négatives), et diverge dans le cas contraire.

Pour généraliser la notion de valeur absolue et l'étendre au cas de racines complexes, on prend le module des racines $\mu(X) = \sqrt{X\overline{X}} = \sqrt{\alpha\beta}$, où $\overline{X}$ est le conjugué de X, ce module étant toujours positif[12].

---

[11] La solution générale est alors de la forme $Y_t = \rho^t (A_1 \cos \theta t + A_2 \sin \theta t) + \frac{1}{1-\alpha}$ où ρ désigne le module de la racine X, et θ l'argument de X. A_1 et A_2 sont donnés par les conditions initiales Y_0 et Y_1.

[12] L'équation caractéristique des racines dans le cas complexe s'écrit $X_1, X_2 = \left[\frac{\alpha(1+\beta) \pm i\sqrt{4\alpha\beta - \alpha^2(1+\beta)^2}}{2}\right]$. Ceci est de la forme X = a + iz, le conjugué étant a – iz, où i est un nombre imaginaire tel que $i^2 + 1 = 0$ et $i^2 = -1$. Le module $\mu(X) = \sqrt{X\overline{X}}$ est

La condition de convergence (ou de stabilité) est donc $\sqrt{\alpha\beta} < 1$ ou, en élevant au carré, $\boxed{\alpha < \frac{1}{\beta}}$

Dans le cas contraire, on a des mouvements divergents.

II.1.4. Représentation graphique

En représentant sur le même graphe les fonctions $\alpha = \frac{4\beta}{(1+\beta)^2}$ et $\alpha = \frac{1}{\beta}$, on délimite quatre régions correspondant aux différents ensembles de valeurs de α et β (graphique 9).

La première fonction décrit une parabole concave de maximum α = 1 (maximum pour les propensions) et β = 1 [valeur de β qui annule la dérivée $\alpha' = \frac{4(1-\beta)}{(1+\beta)^3}$.

La fonction $\alpha = \frac{1}{\beta}$ est une hyperbole convexe passant par α = 1 (maximum pour les propensions) et β =1 (limite de β lorsque α tend vers sa limite supérieure 1).

Graphique 9 : L'oscillateur de Samuelson

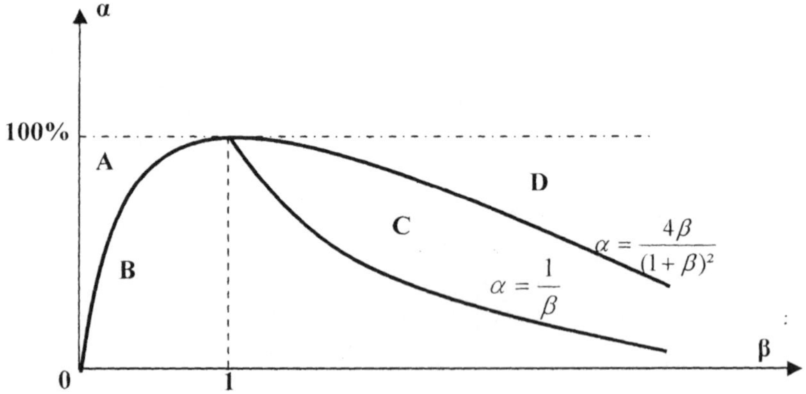

---

donc toujours positif, puisque $X\bar{X} = \left[\frac{\alpha(1+\beta)}{2}\right]^2 - i^2\left[\frac{\sqrt{4\alpha\beta-\alpha^2(1+\beta)^2}}{2}\right]^2$. On vérifie par ailleurs en simplifiant que $\mu(X) = \sqrt{\alpha\beta}$

La région A est celle des mouvements réguliers [$\alpha > \frac{4\beta}{(1+\beta)^2}$] et convergents ($\alpha < \frac{1}{\beta}$).

La région B est celle des oscillations [$\alpha < \frac{4\beta}{(1+\beta)^2}$] convergentes ($\alpha < \frac{1}{\beta}$).

La région C est celle des oscillations [$\alpha < \frac{4\beta}{(1+\beta)^2}$] divergentes ($\alpha > \frac{1}{\beta}$).

La région D est celle des mouvements réguliers [$\alpha > \frac{4\beta}{(1+\beta)^2}$] et divergents ($\alpha > \frac{1}{\beta}$).

Sur la frontière $\alpha = \frac{1}{\beta}$, on a des oscillations entretenues.

A l'intersection des deux courbes ($\alpha = 1$ et $\beta = 1$), on a des mouvements réguliers et stationnaires.

II.1.5. La variante de Hicks

Une variante du modèle de Samuelson souvent rencontrée dans la littérature, est celle de Hicks. Elle consiste à introduire un retard à la fois dans les fonctions de consommation et d'investissement. L'on aura ainsi

$$\begin{cases} Y_t = C_t + I_t + G_t \\ C_t = \alpha Y_{t-1} \\ I_t = \beta(Y_{t-1} - Y_{t-2}) \end{cases}$$

avec $G_t = 1$

En substituant I_t et C_t dans Y_t, il vient

$$Y_t = \alpha Y_{t-1} + \beta Y_{t-1} - \beta Y_{t-2} + 1$$

et

$$Y_t - (\alpha + \beta) Y_{t-1} + \beta Y_{t-2} = 1$$

La solution particulière est la même que dans le cas de Samuelson, soit $\frac{1}{1-\alpha}$

L'équation homogène auxiliaire s'écrit

$$X^t - (\alpha + \beta)X^{t-1} + \beta X^{t-2} = 0$$

avec $Y_t = X^t$

et, en divisant par X^{t-2},

$$X^2 - (\alpha + \beta)X + \beta = 0$$

Le discriminant est $\Delta = (\alpha + \beta)^2 - 4\beta$ et le module $\mu(X) = \sqrt{X\overline{X}} = \sqrt{\beta}$ [13]. On en déduit les fonctions à représenter graphiquement pour délimiter les quatre régions A, B, C et D, soit

$\alpha = 2\sqrt{\beta} - \beta$, en posant $\Delta = 0$

et $\beta = 1$, en posant $\sqrt{\beta} = 1$

Graphique 10a : L'oscillateur de Samuelson (variante 1 de Hicks)

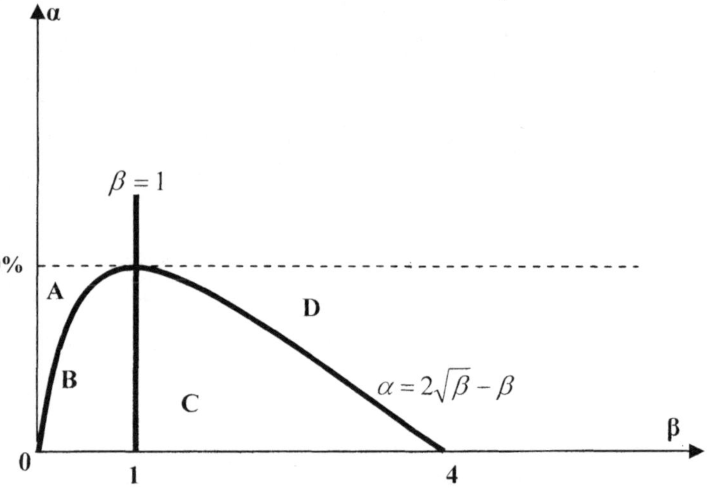

Noter que certaines présentations remplacent la propension à consommer α par 1-s, s étant la propension à épargner. On a dans ce cas

$\Delta = (1 - s + \beta)^2 - 4\beta = 0$

ou

---

[13] L'équation caractéristique des racines s'écrit en effet $X_1, X_2 = \frac{(\alpha + \beta) \pm i\sqrt{4\beta - (\alpha + \beta)^2}}{2}$, dont on déduit $X\overline{X} = \frac{(\alpha + \beta)^2}{4} - i^2 \frac{\left[\sqrt{4\beta - (\alpha + \beta)^2}\right]^2}{4} = \beta$, et donc $\mu(X) = \sqrt{X\overline{X}} = \sqrt{\beta}$

$1 - s + \beta = 2\sqrt{\beta}$,

soit encore

et

$$\boxed{s = (1 - \sqrt{\beta})^2}$$

Soit graphiquement

$s = 1 - 2\sqrt{\beta} + \beta$

Graphique 10b : L'oscillateur de Samuelson (variante 2 de Hicks)

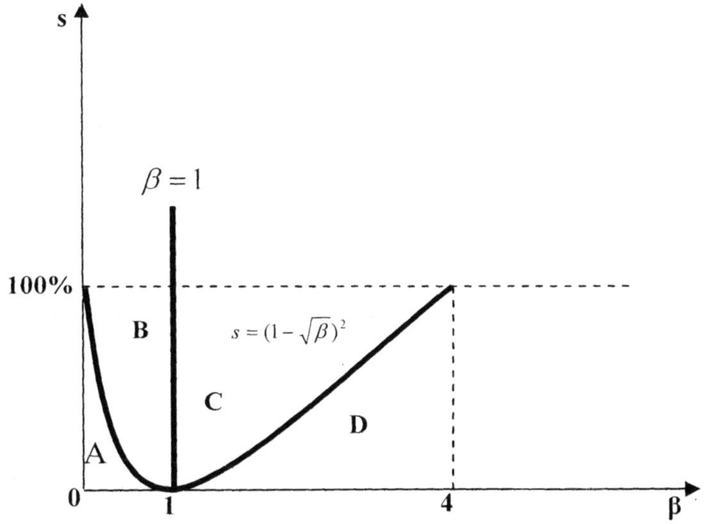

II.2. Les extensions du modèle fondamental de Samuelson

Les principales extensions du modèle fondamentales concernent :

- l'introduction des comportements de stockage des entrepreneurs,
- l'introduction de l'hypothèse de non linéarité,
- l'introduction de l'hypothèse de croissance cyclique.

Nous nous limiterons ici à la première extension, qui renvoie au **le modèle de Metzler-Lundberg.** On fait un pas vers la réalité en supposant que L'ajustement du produit à la demande se fait par l'investissement en stocks (matières premières, produits finis non vendus, produits en cours de fabrication), et non par l'investissement en capital fixe. L'extension des capacités productives est un processus de moyen et long terme, inapproprié pour réagir aux variations de la demande, lesquelles constituent un phénomène de courte période. De plus, l'ajustement du stock de capital ne se conçoit aisément qu'à la hausse. A la baisse, conçu comme un processus de désinvestissement, il est limité par le taux de dépréciation du capital. Cette limite ne peut donc être levée que si l'on raisonne en termes de stocks.

Le modèle de Metzler[14] analyse le rôle des stocks dans deux hypothèses alternatives sur le niveau désiré (ou normal) des stocks adopté par les entrepreneurs :

- A niveau de stocks constant,
- A niveau de stocks variable, proportionnellement aux ventes anticipées. Le coefficient de proportionnalité joue dans ce cas le rôle d'un *accélérateur de stocks.*

II.2.1. Le modèle de Metzler à niveau de stocks constant

1. Les hypothèses et les équations du modèle

La production globale Y_t se compose trois éléments, soit $Y_t = Y_{ct} + Y_{ht} + Y_{it}$

- **Y_{ct} désigne la production destinée à satisfaire les ventes anticipées**, assimilées, assimilées à la consommation anticipée C_t^* Les anticipations sont ici de type *extrapolatif*, c'est-à-dire que C_t^* est fonction non seulement du niveau des ventes réelles en t-1, mais aussi de leur variation, donnée par $(C_{t-1} - C_{t-2})$. L'on a donc

$$Y_{ct} = C_t^* = C_{t-1} + m(C_{t-1} - C_{t-2}) \quad (1)$$

où m désigne le *coefficient d'anticipation*. C'est le rapport entre la variation anticipée $(C_t^* - C_{t-1})$ et la variation effective $(C_{t-1} - C_{t-2})$ des ventes, soit d'après (1),

$$m = \frac{C_t^* - C_{t-1}}{C_{t-1} - C_{t-2}}$$

(1) s'écrit aussi, en l'absence d'un retard de type Robertson,

$$Y_{ct} = C_t^* = cY_{t-1} + mc(Y_{t-1} - Y_{t-2}) \quad (2)$$

---

[14] Lloyd A. Metzler. "The Nature and Stability of Inventory Cycle", *Review of Economics and Statistics*, N° 23, Août 1941, pp 113-129. Pour un exposé complet du modèle, voir James H. Gapinski, *Macroeconomic Theory. Statics, Dynamics, and Policy*. McGraw-Hill, 1982, pp 108 ss

- **Y_{ht} désigne la production destinée à maintenir les stocks au niveau désiré (ou normal)** H_0^*, ce niveau étant supposé constant. On pose

$Y_{ht} = H_0^* - H_{t-1}$, où H_{t-1} désigne le niveau effectif des stocks en t-1. Y_{ht} peut donc être positif ou négatif, selon que H_{t-1} est supérieur ou inférieur à H_0^*. Metzler exprime Y_{ht} en fonction de l'excédent des ventes réelles sur les ventes anticipées, soit

$$Y_{ht} = n(C_{t-1} - C_{t-1}^*) \quad (3)$$

où n est un paramètre permettant de caractériser les différentes stratégies de stockage. L'on voit en effet que si $(C_{t-1} - C_{t-1}^*) > 0$, les entrepreneurs investiront en stocks (et ajusteront Y_{ht} à la hausse), pour compenser les prélèvements opérés sur les stocks antérieurs en vue de satisfaire les ventes excédentaires[15]. Ils désinvestiront dans le cas inverse (ventes excédentaires négatives).

La relation (3) introduit un retard de type Lundberg et s'écrit, en remplaçant C_{t-1}^* par (2) pour t-1,

$$Y_{ht} = nc[Y_{t-1} - Y_{t-2} - m(Y_{t-2} - Y_{t-3})] \quad (4)$$

Y_{it} désigne la production des biens d'équipement (machines) déterminée, par hypothèse, de façon autonome[16] tel que $Y_{it} = I_0$ (5)

2. La résolution du modèle

En substituant (2), (4) et (5) dans Y_t, il vient

$$Y_t = cY_{t-1} + mc(Y_{t-1} - Y_{t-2}) + nc[Y_{t-1} - Y_{t-2} - m(Y_{t-2} - Y_{t-3}] + I_0$$

En développant et en regroupant les termes on obtient

$$\boxed{Y_t = c(1+m+n)Y_{t-1} - c(m+n+mn)Y_{t-2} + mncY_{t-3} + I_0} \quad (6)$$

La solution de cette équation aux différences dépend des valeurs de m et n :

---

[15] Le stock effectif à la fin de la période t est égal à $H_t = H_0^* - (C_{t-1} - C_{t-1}^*)$

[16] Noter que cette hypothèse est très forte, puisqu'elle suppose des prévisions parfaites pour les ventes de machines

- La solution particulière dans l'hypothèse d'un équilibre stationnaire, est la même quels que soient m et n, soit $Y_E = \frac{I_0}{1-c}$
- En combinant différentes valeurs[17] de m et n, Metzler définit quatre versions du modèle correspondant à quatre types de stratégies.

Version 1. n = 0, m = 0 : Stratégie passive

Les entrepreneurs supposent que les ventes courantes sont identiques aux ventes passées (coefficient d'anticipation nul, m = 0), et ne sont donc pas incités à modifier leur stratégie de stockage (n = 0).

En substituant dans (6) on obtient

$$Y_t = cY_{t-1} + I_0 \qquad (7)$$

On vérifie que cette stratégie engendre un *mouvement continue et convergent* (vers le niveau d'équilibre $Y_E = \frac{I_0}{1-c}$), puisque $0 < c < 1$ (cf supra modèle d'interaction multiplicateur-accélérateur). On peut aussi remarquer qu'il s'agit d'un cas particulier du modèle de Samuelson, où $\beta = 0$.

Version 2. n = 1, m = 0 : stratégie active de stockage + stratégie passive de ventes

Les entrepreneurs adoptent une stratégie active qui consiste, par hypothèse, à maintenir les stocks au niveau désiré H_0^* constant. Les ventes courantes sont supposées égales aux ventes passées.

En substituant les valeurs de m et n dans (6), on obtient

$$Y_t = 2cY_{t-1} - cY_{t-2} + I_0 \quad (8)$$

On vérifie que cette stratégie engendre des *oscillations convergentes* de la production autour de la valeur d'équilibre $Y_E = \frac{I_0}{1-c}$[18].

---

[17] Le cas n ≠ 0 est exclu par hypothèse (niveau de stocks constant), sauf pour n = 1. Le cas m = 1 est aussi exclu par hypothèse. Il s'agit d'un cas fortuit où la variation anticipée des ventes est égale à leur variation effective, ce qui ne correspond pas à une stratégie.

En remplaçant m et n par leurs valeurs dans (4), on a

$Y_{ht} = c[Y_{t-1} - Y_{t-2})]$ (9)

ce qui définit des oscillations amorties autour de la valeur d'équilibre $Y_{ht} = 0$ [19], c'est-à-dire des oscillations amorties des stocks $Y_{ht} = H_0^* - H_{t-1}$, qui convergent vers le niveau désiré H_0^*. Tout choc est donc résorbé par la stratégie active de stockage.

On remarque enfin que cette stratégie correspond à un cas particulier du modèle de Samuelson, où β = 1

Version 3. n = 0, m ≠ 0 : stratégie passive de stockage + stratégie active de ventes

On suppose dans ce cas que les entrepreneurs ont une stratégie passive à l'égard des stocks, mais avec des anticipations extrapolatives pour les ventes. Ceci signifie que si m est positif, ils anticipent une poursuite de la tendance passée des ventes. Si à l'inverse m est négatif, ils anticipent un renversement de cette tendance.

En substituant les valeurs de m et n dans (6) l'on a

$Y_t = c(1+m)Y_{t-1} - mcY_{t-2} + I_0$ (10)

Pour l'étude de la dynamique dans ce cas, on peut se référer au modèle de Samuelson, la forme de l'équation étant la même, et le coefficient d'anticipation m jouant le rôle de l'accélérateur. Contrairement à l'accélérateur toutefois, m peut prendre toutes les valeurs, y compris des valeurs négatives. Tous les mouvements sont envisageables pour Y_t et les stocks, y compris des cobwebs[20].

---

18 On a en effet à partir de (8) l'équation homogène $X^2 - 2cX + c = 0$, et le discriminant $\Delta = b^2 - 4ac = 4c\,(c-1)$, négatif puisque c < 1. on en déduit aussi le module $\mu(X) = \sqrt{c} < 1$, et la condition de stabilité (de convergence) c < 1 en élevant au carré.

19 L'équilibre stationnaire est en effet défini par $Y_{t-1} = Y_{t-2} = Y_E$, soit $Y_{ht} = 0$. On a par ailleurs à partir de (9) $X^2 - cX + c = 0$, $\Delta = c(c-4)$, négatif puisque c < 1, et la condition de convergence c < 1.

20 Noter qu'en restreignant l'intervalle des valeurs de m à $-1 \leq m \leq 1$, l'on peut montrer que Yt converge vers l'équilibre, puisque dans ce cas l'équation homogène est $X^2 - c\,(1 + m)X - mc = 0$. Le module est donc $\mu(X) = \sqrt{mc}$, et la condition de

Version 4. n = 1, m ≠ 0 : stratégie active

On suppose dans ce cas que les entrepreneurs adoptent une stratégie active à l'égard des stocks, et des anticipations extrapolatives pour les ventes.

En substituant dans (6) on a

$$Y_t = c(2+m)Y_{t-1} - c(1+2m)Y_{t-2} + mcY_{t-3} + I_0 \quad (11)$$

Equation de troisième ordre qui engendre des oscillations amorties ou explosifs pour le produit et les stocks.

II.2.2. Le modèle de Metzler à niveau de stocks variable : l'accélérateur de stocks

Dans la précédente version du modèle, on supposait que la stratégie des entrepreneurs (lorsqu'elle était active), était de maintenir les stocks à un niveau désiré constant. Dans la présente version, Metzler introduit un accélérateur de stocks (a), qui définit une fraction ou un multiple constant des ventes anticipées C_t^*, et tel que le niveau désiré H_0^* des stocks soit variable[21].

Le modèle est donc modifié ainsi qu'il suit :

$$\begin{cases} \mathbf{Y}_t = Y_{ct} + Y_{ht} + Y_{it} & (1) \\ Y_{ct} = C_t^* & (2) \\ C_t^* = C_{t-1} + m(C_{t-1} - C_{t-2}) & (3) \\ C_t = cY_t & (4) \\ Y_{ht} = H_t^* - H_{t-1} & (5) \\ H_t^* = aC_t^* & (6) \\ H_t = H_t^* - (C_t - C_t^*) & (7) \\ Y_{it} = I_0 & (8) \end{cases}$$

de (7) on déduit

---

convergence est $\sqrt{mc} < 1$, ou c < 1/m. Cette condition est toujours vérifiée dans l'intervalle ci-dessus.

[21] Ne pas confondre avec le cas précédent, où n était soit nul soit égal à 1. Ici a est quelconque.

$$H_{t-1} = H^*_{t-1} - (C_{t-1} - C^*_{t-1}) = aC^*_{t-1} - C_{t-1} + C^*_{t-1} = (1+a)C^*_{t-1} - C_{t-1}$$

En substituant dans (5) on obtient

$$Y_{ht} = aC^*_t - (1+a)C^*_{t-1} + C_{t-1} \qquad (9)$$

En substituant (2), (8) et (9) dans (1), on a

$$Y_t = C^*_t + aC^*_t - (1+a)C^*_{t-1} + C_{t-1} + I_0 = (1+a)(C^*_t - C^*_{t-1}) + C_{t-1} + I_0$$

ou encore en utilisant (3),

$$Y_t = (1+a)[C_{t-1} + m(C_{t-1} - C_{t-2}) - C_{t-2} - m(C_{t-2} - C_{t-3})] + C_{t-1} + I_0$$

En utilisant (4) on a

$$Y_t = c(1+a)[Y_{t-1} + mY_{t-1} - mY_{t-2} - Y_{t-2} - mY_{t-2} - mY_{t-3}] + cY_{t-1} + I_0$$

$$= c(1+a)[(1+m)Y_{t-1} - (2m+1)Y_{t-2} - mY_{t-3}] + cY_{t-1} + I_0$$

En regroupant les termes il vient

$$\boxed{Y_t = c[(1+a)(1+m)+1]Y_{t-1} - c(1+a)(2m+1)Y_{t-2} - mc(1+a)Y_{t-3} + I_0} \qquad (10)$$

La solution particulière est fournie par l'équilibre stationnaire $Y_E = \frac{I_0}{1-c}$, quelle que soit la valeur de m et de a (revenu d'équilibre indépendant de a et m). Toutefois la solution de l'équation homogène (et la solution générale) dépend de ces deux paramètres. En combinant leurs valeurs, on détermine deux versions de l'accélérateur de stocks.

Version 1 : m = 0, a > 0

Dans ce cas les entrepreneurs pensent que les ventes courantes seront identiques aux ventes passées (m = 0). L'équation (10) se ramène à

$$\boxed{Y_t = c(2+a)Y_{t-1} - c(1+a)Y_{t-2} + I_0} \qquad (11)$$

On vérifie que cette équation engendre soit des fluctuations amorties ou explosives, soit une croissance divergente autour de l'équilibre stationnaire $Y_E = \frac{I_0}{1-c}$ pour le produit et $H_E = ac\frac{I_0}{1-c}$ pour les stocks[22].

On remarque qu'il s'agit d'un cas particulier du modèle de Samuelson où β = 1 + a . Un (a) égal à 1 entraînera un doublement de l'instabilité de Y (β =2). L'accélérateur de stocks aggrave ainsi l'instabilité dans le modèle de base. On vérifie à cet égard que pour β = 1 + a,

la zone A du graphique 9 (zone des mouvements réguliers convergents) est exclue par la restriction (a > 0)[23].

Version 2 : m ≠ 0, a > 0

On suppose dans ce cas que les entrepreneurs ont des anticipations extrapolatives en matière de ventes (m ≠ 0). L'équation (10) reste alors inchangée. L'on peut remarquer que dans ce cas le coefficient d'anticipation m aggrave encore plus l'instabilité. Même en supposant m = 1 (prévisions parfaites pour les ventes), le modèle est instable sauf pour des valeurs très faibles de c (inférieures à 0,3 environ).

---

[22] De (3) on déduit en effet pour m = 0, $C_t^* = C_{t-1}$ ou, en utilisant (4), $C_t^* = cY_{t-1}$. En introduisant dans (6) il vient $H_t^* = acY_{t-1}$. Soit en équilibre stationnaire $H_E = ac\frac{I_0}{1-c}$.

[23] Cette zone n'est en effet définie que pour $0 \leq \beta \leq 1$, c'est-à-dire pour $-1 \leq a \leq 0$ en posant $\beta = a + 1$.

Chapitre III

Introduction à la théorie des cycles économiques réels

III.1. Des théories keynésiennes de la demande aux théories de l'offre : la nouvelle économie classique

III.1.1. La théorie des cycles à l'équilibre

La propagation des cycles peut s'expliquer de façon endogène, par les comportements rationnels d'adaptation des agents à des chocs exogènes, et non nécessairement par ces chocs exogènes eux-mêmes (notamment les chocs dus à des erreurs d'anticipation de la demande sur le marché) dans une situation d'équilibre. Ceci représente une rupture avec les théories keynésiennes du chapitre précédent, dans lesquelles l'on introduit des retards d'ajustement dans l'équation d'équilibre macrostatique pour « dynamiser » le modèle keynésien simplifié (cf supra, modèle d'interaction multiplicateur-accélérateur).

- La rupture avec les théories keynésiennes réside aussi dans la substitution des prix aux quantités comme variables de transmission des cycles. Ainsi, l'hypothèse centrale de la nouvelle économie classique est que les cycles (mesurés ici en termes d'écarts par rapport aux niveaux naturels des variables, c'est-à-dire leurs niveaux à long terme) sont générés et entretenus par des erreurs temporaires dans les anticipations de prix, lesquelles sont elles-mêmes induites par des chocs aléatoires (notamment des variations non anticipées de l'offre de monnaie). L'hypothèse sous-jacente est celle d'une information incomplète et imparfaite, conduisant les agents (travailleurs et entreprises) à confondre les variations générales de prix avec les variations des prix relatifs, et donc à modifier leurs offres (de travail et de production). Ceci se traduit par des fluctuations aléatoires des variables (emploi et production) autour de leur niveau naturel.

III.1.2. Le rôle de l'interaction entre les variables réelles et monétaires : la courbe de Phillips

- La courbe de Phillips décrivait à l'origine la relation inverse entre le taux de croissance du salaire nominal et le taux de chômage, soit $\frac{\dot{w}}{w} = f(U)$ avec f '< 0. Depuis lors le modèle a été développé dans deux principales directions :

- le taux de croissance du salaire nominal a été remplacé par le taux d'inflation. L'hypothèse sous-jacente est que l'accroissement du taux de salaire entraîne une augmentation des prix, et qu'un faible taux de chômage est associé à une demande excédentaire, laquelle conduit à une augmentation des prix. Ceci met en exergue l'interaction entre les variables monétaires (salaires et prix) et les variables réelles (chômage et productivité).

- En second lieu, le modèle a été développé à la suite d'une critique de Friedman pour tenir compte des anticipations (***adaptatives***) du taux d'inflation. Une distinction est ainsi faite entre la courbe de courte période (courbe 1 du graphique), qui relie le taux d'inflation non anticipée au taux de chômage pour des anticipations d'inflation données, et la courbe de longue période (droite u_nAA'A'') résultant des anticipations adaptatives qui égalisent le taux d'inflation anticipé et le taux effectif, si bien que la courbe longue période est verticale, passant par le taux de chômage non inflationniste (taux naturel), là où la courbe de courte période coupe l'axe des abscisses (u_n sur le graphique). Le taux de salaire nominal est donc indépendant à long terme du taux de chômage.

- Le processus d'instabilité de la courbe de courte période qui conduit à la courbe de longue période est le suivant : pour tout taux de chômage (u_1 par exemple) inférieur au taux naturel, le taux d'inflation et de salaire augmente (de p_1 à p_2 sur le graphique) et la courbe de courte période se déplace vers le haut (courbe 2, ou courbe de Phillips augmentée des anticipations, dont l'équation est $\frac{\dot{w}}{w} = f(U) + \frac{\dot{p}^e}{p^e}$, le dernier rapport désignant le taux d'inflation anticipé), mais en même temps les salaires réels ont tendance à baisser et le taux de chômage converge vers le taux naturel. Le processus se renouvelle aussi longtemps que le gouvernement tente de baisser le taux de chômage en dessous du taux naturel (courbes 3 et 4). L'explication en est que les travailleurs sont victimes d'une illusion monétaire temporaire, qui les conduit à interpréter la hausse de leurs salaires nominaux comme une hausse des salaires réels, et donc à accroître leur offre de travail. Mais au fur et mesure qu'ils adaptent leurs anticipations inflationnistes, ils réclament des augmentations de leurs salaires nominaux, les entreprises licencient et le taux de chômage converge vers le taux naturel u_n.

Graphique 11 : La courbe de Phillips augmentée des anticipations

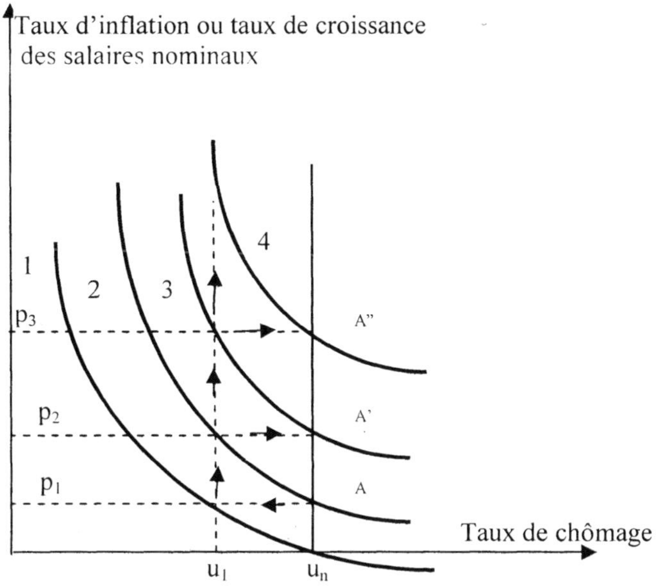

III.1.3. Le modèle de surprise monétaire de Lucas

L'on a vu que la nouvelle économie classique expliquait la naissance et la propagation des cycles par des chocs aléatoires, notamment des variations non anticipées de l'offre de monnaie. L'offre de monnaie dans cette optique comporte deux composantes, soit $m_t = \alpha y_{t-1} + u_t$, où m et y désignent les logarithmes des variables (monnaie et production respectivement), et u la variable aléatoire. La première composante (αy_{t-1}) est systématique, en ce sens qu'elle suppose que l'offre de monnaie dépend linéairement du niveau de la production antérieure. Les chocs (ou les surprises) monétaires, sont ainsi générés par la composante aléatoire.

Deux principaux facteurs vont déterminer les anticipations des agents face à ces chocs, dans l'hypothèse d'information incomplète et imparfaite :

- Le caractère provisoire ou permanent des chocs,
- Le caractère spécifique ou général des chocs.

1. Le caractère provisoire ou permanent des chocs

En se référant à de études empiriques, Lucas affirme que si l'agent attribue un caractère provisoire aux chocs aléatoires, son élasticité d'anticipation sera élevée. A l'inverse, l'élasticité d'anticipation sera faible s'il attribue un caractère permanent aux chocs. La raison en est que l'agent saisit l'opportunité la plus urgente, ayant tendance à substituer dans le temps le loisir à l'effort.

2. Le caractère spécifique ou général des chocs

Nous avons vu que du fait du caractère incomplet et imparfait de l'information, l'agent économique confondait une hausse du niveau général des prix avec le prix de son bien (son prix relatif). Il ne dispose d'information que pour prix de son bien, et anticipe par rapport à ce prix, mais par référence aux variations non anticipées du niveau général du prix. Il en résulte un risque élevé d'illusion monétaire, induisant chez l'agent une hausse de son offre, qu'il réduira dans le cas inverse.

III.2. La critique des hypothèses de la nouvelle économie classique

III.2.1. L'impasse logique et méthodologique du modèle de Lucas

- Cette impasse tourne autour de l'incapacité du modèle de Lucas et plus généralement de la théorie des cycles à l'équilibre, à expliquer la persistance du cycle. La principale critique à cet égard est venue de Modigliani, portant sur l'incompatibilité de l'hypothèse de surprise monétaire pour expliquer la crise, avec l'hypothèse d'anticipations rationnelles. Logiquement, les chocs monétaires ne peuvent avoir qu'un impact transitoire, si l'on admet que les anticipations rationnelles tendent à égaliser les valeurs effectives des variables avec leur niveau correspondant au taux de chômage naturel.

- Du point de vue économétrique, l'hypothèse d'anticipations rationnelles suppose l'absence d'auto-corrélation des erreurs u_t, contrairement aux erreurs systématique d'anticipation qu'implique l'hypothèse de surprise monétaire. Par exemple dans la relation $y_t = y^* + u_t$, où y_t et y^* désignent respectivement le produit effectif et le niveau de production correspondant au taux de chômage naturel, les u_t

sont indépendant par définition. De plus l'hypothèse de surprises monétaires contredit la réalité du cycle, qui est fait d'alternance de valeurs positives et négatives des erreurs.

III.2.2. La théorie fondamentale des cycles économiques réels : Kydland et Prescott

A la suite de la critique de Modigliani, les économistes de la nouvelle économie classique (essentiellement Kydland et Prescott) ont, tout en conservant l'essentiel de leurs hypothèses, modifié le modèle des cycles à l'équilibre, afin d'en accroître la pertinence pour l'explication de la persistance des cycles. Ils se sont orientés pour ce faire vers les chocs réels, technologiques notamment. Cette modification est à la base de la théorie des cycles économiques réels. Nous examinons successivement les hypothèses, les relations et la résolution du modèle.

1. Les hypothèses du modèle

1.1. Hypothèses relatives à la fonction d'utilité

a) Les du système considéré sont identiques et ont une durée de vie infinie ;

b) L'utilité de chaque agent est fonction de la consommation C_t et du loisir Z_t, avec $L_t + Z_t \leq 1$ (substituabilité intertemporelle du loisir à l'effort) ;

c) Le taux d'escompte social est de la forme $\beta = 1/(1 + r) < 1$. C'est-à-dire que l'utilité de la consommation et du loisir est d'autant plus faible que leur disponibilité est éloignée dans le temps ;

d) La fonction d'utilité est « régulière », c'est-à-dire que : les utilités marginales de la consommation et du loisir sont positives et décroissantes ; la consommation et le loisir sont substituables ; le salaire est flexible, et sert de prix implicite pour la mesure du coût d'opportunité d'une unité (heure) supplémentaire de loisir ; l'offre de travail est une fonction croissante du salaire réel.

1.2. Hypothèses relatives à la fonction de production

a. La fonction de production est également « régulière », comme dans le modèle standard de croissance néo-classique (modèle de Solow). C'est-à-dire que : les rendements sont constants à l'échelle ; le produit Y est homogène, servant à la fois de bien de consommation et de bien de production ;

b. Les chocs de productivité résultant des chocs technologiques « déforment » la fonction de production en la déplaçant de façon régulière vers le haut ou vers le bas dans le plan (y, k), selon que le choc est positif ou négatif.

c. Le choc de productivité est mesuré par le « résidu » de Solow, notion que nous verrons en détail plus loin l'étude du progrès technique.

1.3. Hypothèses relatives à l'accumulation du capital

a. L'évolution du stock de capital est donnée par $K_{t+1} = (1- \delta)K_t + I_t$, sous la contrainte : $C_t + I_t \leq Y_t$ (contrainte d'équilibre général), It désigne l'investissement brut, δ le taux de dépréciation du capital.

b. L'évolution est déterminée par les changements technologiques (d'où l'appellation de « cycles réels »).

2. Les relations du modèle

a. **La fonction d'utilité** s'écrit $U_t = \sum_{t=0}^{+\infty} \beta^t u(C_t, Z_t)$;

b. **La fonction de production** s'écrit $Y_t = \theta_t F(K_t, L_t), avec \theta_t = 1 + \varepsilon_t$,

θ désignant le choc de productivité, et ε_t le choc technologique (positif ou négatif).

3. La résolution du modèle

Le problème est alors de déterminer l'optimum intertemporel pour les prix et les quantités, c'est-à-dire les prix et les quantités qui maximisent la fonction d'utilité sous les contraintes d'équilibre général et substituabilité intertemporelle ci-dessus. Le lagrangien s'écrit :

$$L = \sum_{t=0}^{\infty} \beta^t (C_t, 1 - L_t) + \sum_{t=0}^{\infty} \mu_t \left[\theta_t F(K_t, L_t) - C_t - K_{t+1} + (1-\delta)K_t\right]$$

En différenciant on obtient les quantités d'équilibre, selon le processus d'adaptation optimal caractéristique de la théorie des cycles réels.

Chapitre IV

La théorie fondamentale de la croissance (ou la théorie de l'ajustement du stock de capital)

Introduction

Les différents types de croissance

Quatre principaux types d'ajustement sont utilisés pour construire le trend de croissance à partir des fluctuations, auxquels correspondent quatre types de croissance : la croissance exponentielle, la croissance semi-logarithmique, la croissance linéaire et la croissance logistique.

1. La croissance exponentielle

La forme générale de cette croissance est

$Y_t = Y_0 e^{gt}$

où g est le taux de croissance de l'indicateur de croissance Y, avec $g = (dY/ dt)/Y$. Y_0 désigne la condition initiale.

Deux cas peuvent se présenter :

- Si g est constant, la croissance exponentielle est dite à taux constant (« steady state »). C'est ce type de croissance que l'on rencontre dans ce manuel (Graphique 12a).
- Si g est variable, la fonction ci-dessus devient

$$Y_t = Y_0 \ell^{\int g(t)dt}$$

L'utilisation d'une fonction exponentielle de la forme $Y_t = Y_0 e^{gt}$ pour approximer un trend de croissance suppose que l'indicateur Y varie selon une progression géométrique de raison (1+g), si bien que l'on peut écrire en discontinu

$Y_t = Y_0 (1+g)^t$

On peut linéariser la fonction exponentielle ci-dessus en la mettant sous la forme log-linéaire

$\text{Log}Y_t = \text{Log}Y_0 + gt,$

ou

$\text{Log}Y_t = \text{Log}Y_0 + t\text{Log}(1+g)$ en discontinu, qui est alors une fonction linéaire des logarithmes des variables.

Graphique 12 (a) : La croissance exponentielle

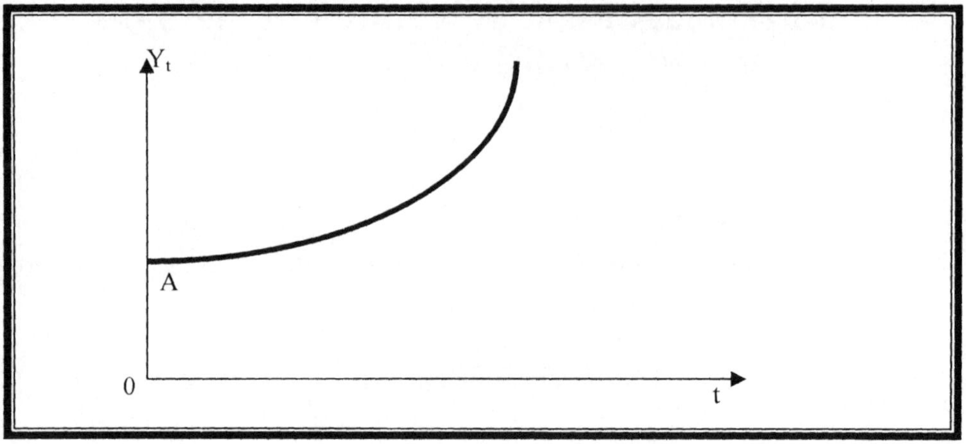

2. La croissance semi-logarithmique

La fonction représentative est

$Y_t = A + B\log t$, avec $1 < t < \infty$

$Y'_t = B/t$ et $Y''_t = - B/t^2$

Graphique 12 (b) : La croissance semi-logarithmique

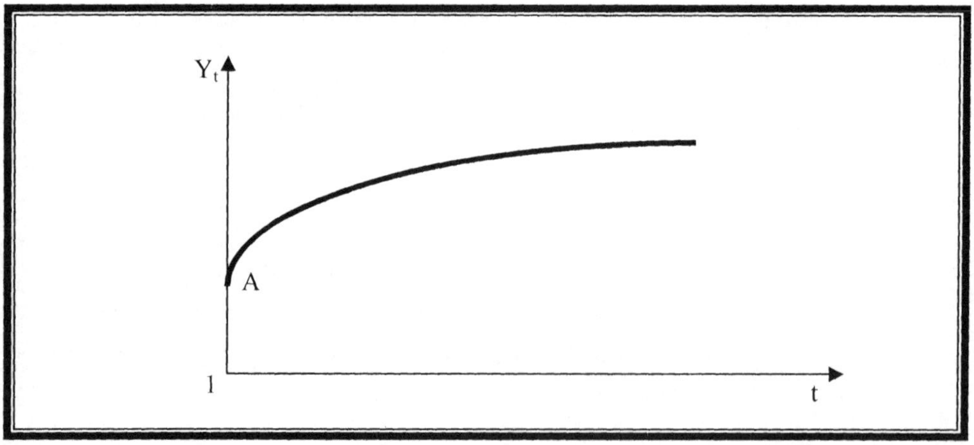

3. La croissance linéaire

Elle est de la forme

$Y_t = a + bt$

Ce type de croissance permet de mettre simplement en évidence une propriété commune à toutes les formes de croissance. L'on note en effet que la vitesse de variation de Y_t est constante, puisque $dY_t/dt = b$. Par conséquent le taux de croissance est égal à b/Y_t, et décroît lorsque Y_t augmente. *Le taux de croissance est d'autant plus faible que le niveau de croissance est élevé.*

Cette propriété permet de comprendre celle de *convergence*. Selon cette dernière, si deux économies ont le même taux d'épargne et ne diffèrent que par leur richesse initiale en capital (ou le niveau de croissance), l'économie pauvre en capital va croître plus rapidement que l'économie riche, et les deux économies vont tendre vers le même niveau de capital par tête et de produit par tête.

Graphique 12c : La croissance linéaire

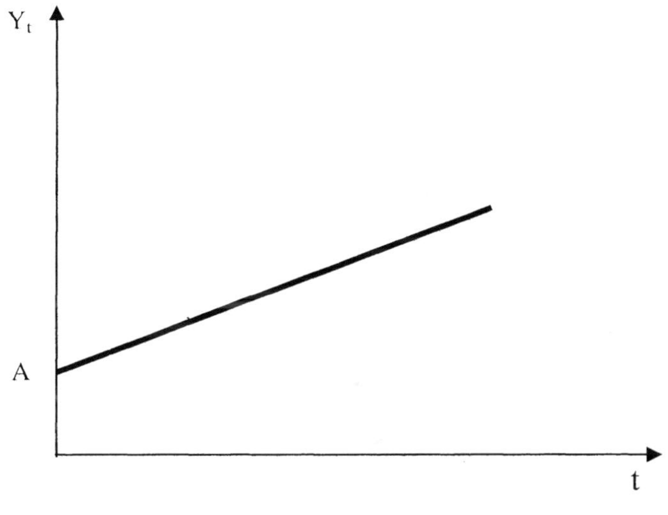

4. La croissance logistique

La fonction représentative est ici

$$Y_t = \frac{A}{1 + Be^{-ct}}$$

où A, B et c sont des constantes positives. A en particulier désigne le niveau de saturation. La fonction admet en effet une asymptote en $Y_t = A$. $(A-Y_t)$ représente donc le facteur de freinage (ou de saturation).

Le graphe de la fonction montre qu'il s'agit de la combinaison des autres types de croissance. On vérifie que la fonction comporte un point d'inflexion en t = LogB/c .

Graphique 13 : La croissance logistique

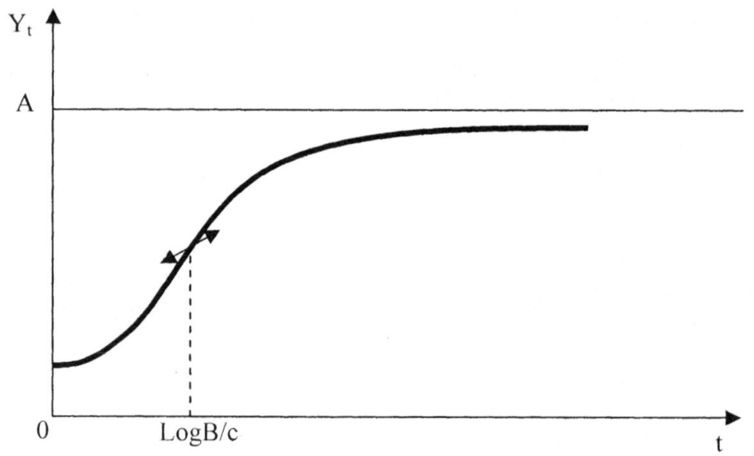

La croissance logistique constitue une approximation satisfaisante de la plupart des phénomènes économiques et biologiques (dynamique des populations, rendements décroissants de production ...). La théorie des rendements décroissant de Ricardo, la théorie des stades de la croissance de Rostow, la théorie stagnationniste des années trente aux Etats-Unis (cf infra le modèle de Domar), ou encore l'état stationnaire des Classiques, reposent sur la loi de croissance logistique. Avec une nuance importante toutefois :

- dans l'état stationnaire des classiques anglais (Stuart Mill en particulier), le taux de croissance tend vers zéro parce que la maturité économique ayant créé une société d'abondance, la croissance n'est plus recherchée pour elle-même, mais uniquement dans la mesure où elle accroît le progrès social et moral.

- Chez les stagnationnistes au contraire (Higgins, Hansen et Domar), le taux de croissance tend vers zéro parce que les occasions d'investissement s'épuisent, du fait notamment d'une accumulation excessive.

Nous présenterons d'abord dans ce chapitre, dans une ***optique de statique comparative***, la théorie fondamentale, dont nous verrons ensuite les principales extensions. Dans la théorie fondamentale, on met l'accent sur le rôle central de l'accumulation du capital dans la croissance. Dans les extensions d'autres facteurs sont pris en considération tel que le progrès technique, la répartition des revenus, la monnaie.

Les deux théories de référence sont ici les théories néo-keynésienne et néo-classique. La première est une dynamique de déséquilibre, tandis que la dernière est une dynamique d'équilibre.

IV.1. La théorie néo-keynésienne de la croissance (ou la dynamique de déséquilibre)

L'objet de la théorie néo-keynésienne est la construction d'une théorie dynamique prolongeant dans la longue période, la théorie keynésienne de courte période. Les travaux de base sont ceux de Harrod et de Domar, dont les deux problématiques ont fait l'objet d'une synthèse dans le cadre du modèle Harrod-Domar.

IV.1.1. Le modèle de Harrod[24]

Le problème posé par Harrod est le suivant : A quelles conditions une économie de type capitaliste peut-elle soutenir en longue période, une croissance compatible avec le plein emploi et la pleine utilisation des capacités productives ? Après avoir formulé la condition d'une croissance équilibrée à taux constant, Harrod montre que l'économie capitaliste ne peut pas la remplir, et qu'elle est vouée de ce fait à l'instabilité, aussi bien en courte qu'en longue période.

1. La condition d'une croissance équilibrée à taux contant

Cette condition s'exprime par la triple égalité suivante :

$$\boxed{G = G_{\omega} = n = s/v}$$

[24] Roy F. Harrod. « An Essay in Dynamic Theory », *Economic Journal*, Vol. 49, 1939, pp 14-38

où G est le taux de croissance effectif, G_ω le taux de croissance garanti, n le taux de croissance naturel, s la propension marginale à épargner, et v le coefficient de capital.

1.1. Le taux de croissance effectif

Il mesure ***ex post*** le taux de croissance du produit au cours de la période. Il est défini à partir des conditions d'équilibre du marché des produits :

$K = vY$ (1)

$I = S = sY$ (2)

(1) étant la condition de pleine capacité et (2) la condition de flux. K désigne le stock de capital, Y le produit, I l'investissement, et S l'épargne. On en déduit, sachant que par définition

$I = \Delta K$,

$\Delta K = v\, \Delta Y = sY$

et

$$\boxed{\Delta Y/Y = s/v = G}$$

1.2. Le taux de croissance garanti

C'est le taux de croissance qui reflète ***ex ante*** les anticipations des entrepreneurs, lesquelles ne sont pas, faut-il le remarquer, nécessairement compatibles avec l'équilibre macroéconomique. Il est défini à partir des fonctions d'investissement et d'épargne désirés

$I^* = \beta.\Delta Y$

$S^* = sY$

β étant l'accélérateur. On en déduit, en posant à l'équilibre $I^* = S^*$,

$sY = \beta.\Delta Y$ et

$$\boxed{\Delta Y/Y = s/\beta = G_\omega}$$

1.3. Le taux de croissance naturel

Il définit le plafond de croissance, le taux de croissance de plein emploi. Lorsque la technique de production est donnée comme c'est le cas dans la théorie fondamentale (taux de progrès technique nul), ce taux est représenté par le taux de croissance de la population (n).

L'idée-force de la théorie de Harrod est que la condition d'équilibre ainsi définie, soit $G = G_\omega = n = s/v$, ne peut être remplie que de façon fortuite, les trois taux de croissance étant déterminés par des facteurs différents : G est déterminé par des facteurs techniques, G_ω par des facteurs psychologiques (il reflète les anticipations des entrepreneurs), et n par des facteurs démographiques.

2. L'instabilité de la croissance[25]

En supposant même que la condition définie puisse être remplie, Harrod montre que l'équilibre atteint serait instable. En courte période, l'instabilité a pour impulsion la disparité entre G et G_ω, et en longue période celle entre G_ω et n. *Les anticipations des entrepreneurs sont ainsi en conflit avec G en courte période, et avec n en longue période.*

2.1. L'instabilité de courte période (le problème du fil du rasoir)

Suivant que le déséquilibre initial est un excès ou un déficit de capacité ($G < G_\omega$ ou $G_\omega < G$), les anticipations des entrepreneurs (principe d'accélération) et les comportements d'épargne ainsi que de consommation (principe de multiplication) vont se combiner pour expliquer la récession ou l'expansion conjoncturelle (l'économie est comme sur un fil de rasoir, et le moindre écart lui est fatal).

2.1.1. Cas d'un excès de capacité initial ($G < G_\omega$)

On peut expliciter l'excès de capacité dans ce cas en remplaçant les deux taux G et G_ω par leurs expressions, soit $s/v < s/\beta$. On en déduit en effet $v > \beta$, ou encore $K/Y > K^*/Y$, et donc finalement $K > K^*$. Le capital disponible est ainsi supérieur au capital désiré.

D'après Harrod, c'est la réaction des entrepreneurs qui va déclencher le processus d'instabilité. Pour ramener G au niveau G_ω, ils devraient :

1) soit augmenter le taux garanti G_ω, c'est-à-dire le taux d'utilisation des capacités, par un accroissement de la demande

[25] L'objectif explicite de Harrod étant de fournir une explication intégrée des fluctuations et de la croissance, on peut se demander si sa théorie de l'instabilité de l'économie capitaliste est complète. On observe en effet qu'elle ne comporte, du moins explicitement, aucune explication des retournements du cycle. Toutefois, le rôle central attribué aux anticipations dans les processus d'expansion et de récession, permet d'expliquer implicitement les points de retournement par les seuils d'anticipation.

de facteurs complémentaires du capital (matières premières et travail notamment),

2) soit diminuer l'investissement relatif I/K (ou le taux de croissance du capital).

Au lieu de ce comportement correcteur du déséquilibre initial, tout se passe comme si les entrepreneurs recevaient du marché des *« signaux erronés »*. Au lieu d'interpréter $G < G_{\omega}$ comme le signe d'une insuffisance du taux d'utilisation des capacités, ils l'interprètent, au contraire, comme une insuffisance de la demande sur le marché des produits. Ceci induit chez eux des anticipations *« perverses »* ; ils réduisent leurs commandes pour la période suivante, c'est-à-dire qu'ils ajustent leurs anticipations (donc G_{ω}) à la baisse. Cette réduction induit une baisse plus que proportionnelle de G, par le jeu combiné du multiplicateur et de l'accélérateur, et détermine un accroissement cumulatif de l'écart $(G - G_{\omega}) < 0$. C'est ainsi que Harrod explique la récession conjoncturelle.

2.1.2.Cas d'un déficit de capacité initial ($G > G_{\omega}$)

Un raisonnement symétrique du précédent conduit à un accroissement cumulatif de l'écart

$(G - G_{\omega}) > 0$, expliquant ainsi l'expansion conjoncturelle.

2.2. L'instabilité de longue période

Harrod montre qu'en longue période, l'économie capitaliste est vouée soit au chômage chronique ($n > G_{\omega}$), soit à la dépression chronique ($n < G_{\omega}$).

2.2.1. Le chômage chronique

Si le taux de croissance naturel est supérieur au taux de croissance garanti, l'économie peut croître indéfiniment grâce à la disponibilité de la main-d'œuvre. Les entrepreneurs forment en effet dans ce cas, des anticipations optimistes, qui accroissent G_{ω} et se répercutent plus que proportionnellement sur G. On aura donc finalement $G > G_{\omega}$. Toutefois, comme n est un taux plafond, G ne peut l'égaler ou le dépasser durablement, et on aura $\boxed{n > G > G_{\omega}}$. L'expansion se poursuit ainsi normalement, mais avec un chômage chronique. C'est *« l'âge d'or bâtard de Kahn »*.

2.2.2. La dépression chronique

Si le taux de croissance naturel est inférieur au taux de croissance garanti, on aura également

$G < G_{\omega}$, puisque $G < n$. Il y aura ainsi une tendance chronique à la dépression en longue période, caractérisée par un excès de capacité chronique. Le cas $G_{\omega} = n$ correspond à « l'âge d'or » de Joan Robinson.

3. La représentation graphique

Gottfried Bombach a donné une interprétation géométrique de la théorie de Harrod. Son abaque (graphique 14) comporte quatre cadrans[26]. Le cadran I comporte une fonction d'épargne S = f(Y) où Y désigne le revenu, le cadran II une fonction de production Ye = g(Yp) où Ye désigne la production effective et Yp la production potentielle (ou la capacité productive déterminée par le capital K). Les cadrans III et IV comportent des droites de construction à 45°.

Graphique 14 : Le modèle de Harrod

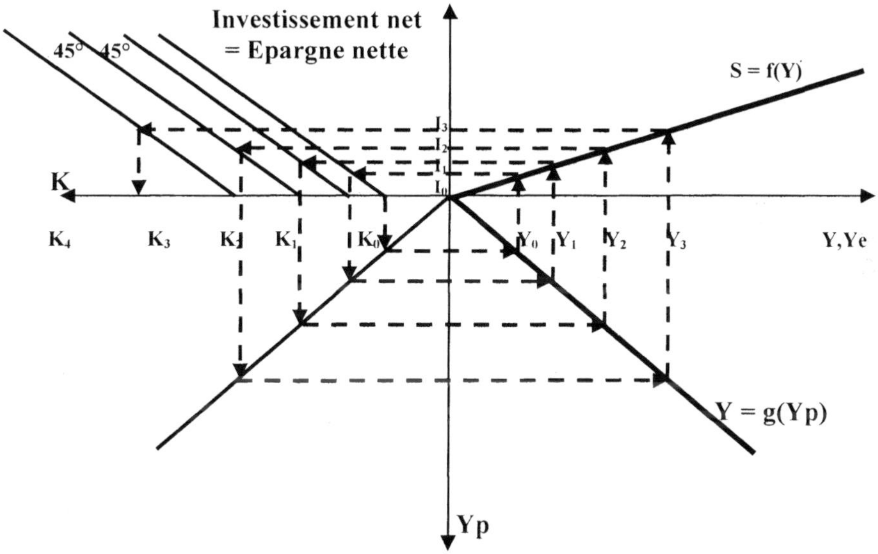

Partant d'un stock de capital Ko, on arrive de proche en proche à un accroissement du revenu Yo (multiplicateur),dont une fraction

[26] J. P. Mockers, *Dynamique et structures*, Sirey, 1965, p 97.

constante est épargnée et investie provoquant une croissance cumulative du stock de capital K (accélérateur). Les droites de construction à 45° permettent de conserver, graphiquement, la proportionnalité entre les accroissements des différentes variables (condition d'une croissance équilibrée à taux constant). Notons que le graphique est une toile d'araignée (cobweb) divergente, ce qui rend bien l'instabilité du modèle de Harrod.

IV.1.2. Le modèle de Domar (ou la thèse stagnationniste)[27]

Domar pose au départ le même problème que Harrod, celui de l'instabilité de la croissance en économie capitaliste (plus précisément la stagnation). Mais sa réponse est différente, et fondée sur la nature ambivalente de l'investissement. A l'effet revenu de l'investissement (aspect demande) étudié par Harrod, il ajoute l'effet capacité (aspect offre). Pour que l'économie capitaliste croisse en équilibre, ces deux effets doivent être égaux.

L'effet revenu (ΔR) résulte du multiplica

teur, soit

$\boxed{\Delta R = \Delta I/\alpha}$

où α désigne la propension à épargner.

L'effet capacité (ΔY) est déterminé par σ,

la productivité de l'investissement, soit

$\boxed{\Delta Y = I.\sigma}$

La condition d'équilibre est donc $\Delta Y = \Delta R$, ou $\Delta I/\alpha = I.\sigma$, et

$\boxed{\Delta I/I = \sigma.\ \alpha}$

Il faut ainsi que l'investissement croisse exponentiellement au taux $\sigma.\alpha$ pour que l'équilibre soit maintenu, c'est-à-dire pour que les capacités de production soient pleinement utilisées. Par référence à cette *norme de croissance potentielle*, l'économie capitaliste est condamnée à une *« fuite en avant »* dans l'investissement si elle veut rester en équilibre, ce qui est peu probable. Domar pense comme

[27] Evsey Domar. "Capital Expansion, rate of Growth and Employment", *Econometrica*, Vol 14, 1946. Voir également "Expansion and Employment", *The American Economic review*, vol 37, mars 1947

Harrod, que la probabilité d'une croissance équilibrée à taux constant est très faible en économie capitaliste. D'après lui, l'effet capacité sera probablement supérieur à l'effet revenu, c'est-à-dire que l'on aura normalement

$$\boxed{\Delta I/I < \sigma.\,\alpha}$$

La raison principale en est que l'effet capacité est lié au niveau de l'investissement, alors que l'effet revenu est lié au taux de croissance de l'investissement, et ne se produit que si celui-ci augmente. *L'effet capacité est donc cumulatif (du fait de la « fuite en avant » décrite plus haut) et définitif, alors que l'effet revenu est transitoire (l'effet multiplicateur s'épuise).*

Pilvin[28] a donné en 1952, une interprétation graphique du modèle de Domar. Partant d'un équilibre initial $I_0 = S_0$ (graphique 15), il décrit le processus cumulatif de « fuite en avant » dans l'investissement, lequel accroît cumulativement l'excès de capacité, avec une tendance dépressive chronique. On voit ainsi que l'équilibre initial est instable, puisque l'investissement initial I_0 produit un effet capacité $\Delta Y_0 = (Y_1 - Y_0) = I_0.\sigma$, déterminé par la productivité σ de l'investissement, et graphiquement par la pente $I_0 / \Delta Y_0 = 1/\sigma$ de la droite U_0. Pour résorber cette *capacité excédentaire* et rétablir l'équilibre $I = S$, il faut accroître l'investissement (dans les facteurs complémentaires) dans une proportion déterminée par le multiplicateur $1/\alpha$, et graphiquement par la pente α de la fonction d'épargne, soit de $\Delta I_0 = I_1 - I_0$. De nouveau, l'équilibre $I_1 = S_1$ ainsi déterminé est instable, puisque I_1 va produire $\Delta Y_1 = Y_2 - Y_1$, qui va nécessiter I_2, etc...

On voit que chaque équilibre est instable, la capacité excédentaire générée par l'investissement antérieur nécessitant un nouvel investissement pour être résorbée, et ainsi de suite. L'économie est ainsi en état de stagnation latente, puisque toute tentative pour éliminer l'excès de capacité exacerbe celui-ci, diminuant le taux de profit et les occasions d'investir.

---

[28] H. Pilvin, « A Geometric Analysis of Recent Growth Models », *The American Economic Review*, Sept 1952, pp 594 -99

Graphique 15 : Le modèle de Domar

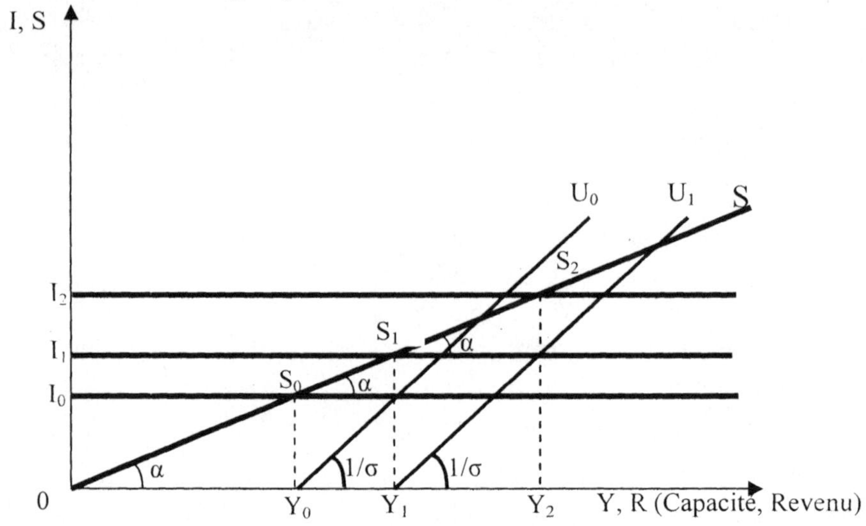

IV.1.3. Le modèle Harrod-Domar[29]

Ce que l'on a appelé le modèle Harrod-Domar est une présentation commune, purement formelle, des modèles de Harrod et de Domar. Nous présentons d'abord le modèle, avant de voir les critiques qui lui sont adressées.

Il existe deux versions du modèle, l'une fondée sur l'aspect offre de l'investissement où l'on raisonne en termes de capacité (version « coefficients fixes »), l'autre fondée sur l'aspect demande où l'on raisonne en termes de revenu (version « multiplicateur-accélérateur »). Les conditions d'équilibre sont exprimées *ex post* dans la première version (utilisation du coefficient du capital), et *ex ante* dans la seconde (utilisation du coefficient d'accélération).

1. La version coefficients fixes

1.1. Analyse continue

1.1.1. Conditions d'équilibre

Sur le marché des produits

- La condition de pleine capacité (ou de stock) exprime la pleine utilisation des capacités productives, soit

[29] Pour un exposé détaillée, voir D. Hamberg. ***Economic Growth and Instability***, New York, 1956

$\boxed{K = vY}$ (1)

V désignant le coefficient de capital

- La condition de flux exprime l'égalité ex post entre l'épargne et l'investissement, soit

$\boxed{I = DK = S = sY}$ (2)

avec DK = dK/dt

Sur le marché du travail

- Le plein emploi s'exprime par l'égalité entre l'offre et la demande de travail.

L'offre de travail L_s est supposée croître au taux constant n, soit

$$L_s = L_0 \ell^{nt}$$

La demande de travail L_D est déterminée par le coefficient de travail $u = L_D / Y$, soit

$L_D = uY$

La condition de plein emploi s'écrit donc

$$uY = L_0 \ell^{nt}$$

ou, plus simplement,

$$\boxed{L = L_0 \ell^{nt}} \qquad (3)$$

1.1.2. Résolution du modèle

Détermination des sentiers de croissance équilibrée des variables

- Des conditions de flux et de stock l'on tire

DK = vDY = sY, et

DY/Y = s/v = G, ou encore

dY/Y = Gdt

En intégrant on obtient

$$\int \frac{dY}{Y} = G \int dt \qquad \text{ou}$$

$\text{Log}Y = Gt + c$

La constante d'intégration c étant déterminée par la condition ini tiale, soit

$c = \text{Log}Y_0$, et

$Y = Y_0 \ell^{Gt}$ ou,

Comme à l'équilibre on a $G = G_\omega = n$, le sentier d'équilibre de Y s'écrit finalement

$$\boxed{Y = Y_0 \ell^{nt}}$$

- Des conditions de flux et de stock l'on tire de la même manière

$DK/K = s/v = G$ et

$$\boxed{K = K_0 \ell^{nt}}$$

- Le sentier de L est donné par hypothèse, soit

$$\boxed{L = L_0 \ell^{nt}}$$

La condition d'une croissance équilibrée est que toutes les variables croissent au même taux, soi

$$\boxed{\frac{DY}{Y} = \frac{DK}{K} = \frac{DL}{L} = n} \qquad (4)$$

Unicité de la solution

On établit cette unicité en utilisant l'hypothèse de fixité des coefficients v et u, pour montrer qu'à l'équilibre le taux de croissance est unique pour toutes les variables.

- De la condition de stocks $K = vY$ on tire

$\text{Log}\,K = \text{Log}v + \text{Log}Y$, et

$D\text{Log}K = DK/K = 0 + DY/Y$ (v étant constant), et

$$\boxed{DK/K = DY/Y}$$

- De $L = uY$ on tire de même

$$\boxed{DL/L = DY/Y}$$

On en déduit

$$\boxed{DL/L = DK/K}$$

1.2. Analyse discontinue

1.2.1. Les conditions d'équilibre

Sur le marché des produits

- Pleine capacité

$K_t = vY_t$ (1)

- Condition de flux

$I_t = \Delta K_t = S_t = K_{t+1} - K_t = sY_t$ (2)

Sur le marché du travail

$L_t = uY_t = L_0(1+n)^t$ (3)

1.2.2. Résolution

- de (1) et (2) on déduit

$vY_t - vY_{t-1} = K_t - K_{t-1} = sY_{t-1}$, ou

$$Y_t - \left[\frac{v+s}{v}\right]Y_{t-1} = 0 \quad (4)$$

Equation aux différences homogène de premier ordre dont la solution est (cf introduction)

$\boxed{Y_t = Y_0(1+n)^t}$ avec s/v = G = n

De (1) on tire Yt = Kt/v. En substituant dans (4) on obtient

$$K_t - \left[\frac{v+s}{v}\right]K_{t-1} = 0 \text{ et}$$

$$\boxed{K_t = K_0(1+n)^t}$$

2. La version multiplicateur-accélérateur

2.1. Analyse continue

2.1.1. Les relations du modèle

- Fonction d'investissement

$I^* = DK = vDY$ (1)

v désignant le coefficient d'accélération et I* l'investissement désiré.

- Condition de flux

$S^* = I^* = DK = sY$ (2)

- Condition de plein emploi

$L = uY = L_0 \ell^{nt}$ (3)

2.1.2. Résolution

- En éliminant I* dans (1) et (2), on obtient

$DY/Y = s/v = G\omega$

En intégrant on a

$$\boxed{Y = Y_0 \ell^{nt}}$$

- En divisant (2) par K on a

$DK/K = s(Y/K) = s/v = G$

En intégrant on obtient

$$\boxed{K = K_0 \ell^{nt}}$$

2.2. Analyse discontinue

2.2.1. Relations du modèle

- Fonction d'investissement

$I_t^* = v(Y_t - Y_{t-1})$ (1)

- Condition de flux

$I_t^* = S_t^* = sY_{t-1}$ (2)

- Condition de plein emploi

$L = uY = L_0(1+n)^t$ (3)

2.2.2. Résolution

En éliminant I_t^* dans (1) et (2) il vient

$\boxed{Y_t = Y_0(1+n)^t}$ et

$$\boxed{K_t = K_0(1+n)^t}$$

Noter que le sentier de I* s'écrit, en substituant le sentier de Y dans (2),

$I_t^* = I_1(1+n)^{t-1}$, avec $I_1 = sY_0$

3. La critique du modèle Harrod-Domar

On a reproché au modèle Harrod-Domar son ambiguïté sur le plan analytique, et sa surdétermination sur le plan formel.

3.1. La surdétermination du modèle Harrod-Domar

Le modèle est surdéterminé en ce sens qu'il comporte plus d'équations que de variables à déterminer. Ceci peut être établi à partir de la condition d'équilibre

n = s/v

Pour que celle-ci soit déterminée, il faut en plus une équation indépendante pour déterminer chacune des variables n, s, et v, dont nous avons vu qu'elles étaient déterminées par des facteurs indépendants (cf supra, modèle de Harrod). On a donc le système suivant

$$n = \frac{s}{v} \qquad (1)$$

$$n = n_0 \qquad (2)$$

$$v = v_0 \qquad (3)$$

$$s = s_0 \qquad (4)$$

Soit quatre équations pour déterminer trois variables, et le système n'a pas de solution.

3.2. L'ambiguïté du modèle Harrod-Domar

On s'est demandé dans quelle mesure il était logique d'utiliser le même cadre formel pour présenter deux modèles ayant des significations économiques aussi différentes. Certes les deux problématiques ainsi que les conditions d'équilibre définies dans les deux modèles présentent quelques analogies. Ainsi la condition de Domar. $\Delta I/I = \sigma.\ \alpha$ peut-elle aussi s'écrire

$$\Delta I/I = s/v = G = n$$

en rapprochant α et s (taux d'épargne) et σ de 1/v (productivité de l'investissement en capital).

Mais l'analogie est purement formelle. Domar développe une théorie stagnationniste, tandis que Harrod suit une logique purement keynésienne. Les deux modèles différents notamment :

- par leur explication de la croissance et de la contraction de l'économie capitaliste,
- par leur conception de l'épargne, de la productivité et de l'emploi.

3.2.1. L'explication de la croissance et de la contraction de l'économie capitaliste

Dans l'optique stagnationniste de Domar, la croissance est *« poussée par l'offre »*, et les problèmes de capacité jouent un rôle essentiel dans l'explication de la contraction de l'économie capitaliste. Celle-ci résulte de la raréfaction des occasions d'investissement, du fait notamment d'une accumulation excessive qui érode le taux de profit. La question fondamentale chez Domar est : *à quel rythme la demande doit-elle croître pour permettre la pleine utilisation de capacités croissantes de production* ?

Dans l'optique keynésienne de Harrod au contraire, la croissance est *« tirée par la demande »,* et les problèmes d'accélération sont à la base de l'explication de la contraction de l'économie capitaliste. Celle-ci résulte des erreurs d'anticipation de la demande par les entrepreneurs. La question chez Harrod est de savoir si *la demande croîtra au taux garanti, celui-ci n'étant pas nécessairement compatible avec la pleine utilisation des capacités.*

3.2.2. Etude comparée de la signification de l'épargne, de la productivité et de l'emploi

3.2.2.1. L'emploi

Modèle de Harrod. L'équilibre est compatible avec le sous-emploi ($n > G\omega$). L'emploi est fonction du revenu, et se fixe au niveau nécessaire pour satisfaire la demande. Il s'agit de *l'emploi effectif.*

Modèle de Domar. Il n'y a d'équilibre que de plein emploi. L'emploi est fonction du rapport entre le revenu et la capacité, et se fixe ainsi au niveau nécessaire pour la pleine utilisation des capacités productives. Il s'agit de *l'emploi global.*

3.2.2.2. L'épargne

Modèle de Harrod. *La condition S = I apparaît comme une condition nécessaire et suffisante d'équilibre.* Il suffit ainsi que l'épargne générée par l'économie retourne intégralement dans le circuit par le mécanisme du multiplicateur, sans thésaurisation, pour que l'investissement s'ajuste ex post à l'épargne.

Modèle de Domar. *La condition S = I est une condition nécessaire mais non suffisante.* On dit que Domar craint non pas la thésaurisation, mais l'épargne elle-même. Il pose en effet un *problème d'absorption de l'épargne*, c'est-à-dire de sa transformation en investissements productifs. L'épargne non « absorbée » constitue ainsi un facteur de déséquilibre (déflationniste).

3.2.2.3. La productivité

Nous avons vu que la synthèse Harrod-Domar assimilait σ, symbole de la productivité chez Domar, à $1/v$ qui décrit la même grandeur chez Harrod. Il existe en fait une différence entre les deux.

Modèle de Harrod. Le concept pertinent est celui de *productivité marginale*, obtenue par dérivation partielle de la fonction de production par rapport à un facteur donné, « toutes choses égales par ailleurs ».

Modèle de Domar. σ désigne ce que Domar appelle la *« productivité moyenne sociale potentielle »* de l'investissement, c'est-à-dire la productivité résultant de la mobilisation de toutes les potentialités de l'économie. Il s'agit de l'ensemble des facteurs complémentaires du capital : ressources naturelles, main-d'œuvre, progrès technique.

4. Le problème de la stabilité dans le modèle Harrod-Domar : Le modèle de Phillips

L'une des lacunes du modèle de Harrod est l'absence d'une analyse rigoureuse des propriétés de l'équilibre, lorsque celui-ci existe. Si Harrod explique l'instabilité par les anticipations des entrepreneurs, il manque à son explication un modèle de déséquilibre définissant une condition de stabilité. Le modèle Harrod-Domar se ressent de cette lacune.

La construction d'un tel modèle comporterait trois étapes :

- la définition du déséquilibre initial,
- la définition du mécanisme d'ajustement,
- la construction du modèle de déséquilibre permettant de déterminer la condition de stabilité

Pour combler cette lacune, plusieurs auteurs ont proposé une démonstration formelle de l'instabilité dans le modèle Harrod-Domar, notamment Jorgenson et Phillips[30]. Nous donnons ici à titre d'exemple le modèle de stabilisation de Phillips, fondée sur un modèle de déséquilibre du marché des produits.

4.1. Les hypothèses du modèle de Phillips

1) Phillips définit comme déséquilibre initial un excès de capacité. En t = 0 on a donc

$$K_0 \succ K_0^*$$

$$\text{et } K_0 \succ vY_0$$

Où K_0 est le stock de capital effectif, et K_0^* le stock désiré.

Ceci s'écrit en termes d'investissement (donc de flux), en posant

$$I_t = \Delta K_t = K_{t+1} - K_t .$$

Comme à l'équilibre

$$K_{t+1} = K_t + G_\omega K_t ,$$

on en déduit, en substituant dans I_t,

$$X_t = \frac{I_t}{K_t} = G_\omega$$

[30] A.W Phillips. "Stabilisation Policy in a Closed Economy", *Economic Journal*, Vol. 64, June 1954, pp 290-305.
D. Jorgenson, "On Stability in the Sense of Harrod", *Economica*, new series, Vol 27, 1960

X_t désignant l'investissement relatif. Dire qu'il y a excès de capa

cité en t = 0 signifie que

$$\boxed{X_0 \succ G_\omega}$$

2) Phillips définit comme mécanisme d'ajustement, un plan de diminution de l'investissement relatif, destiné à éliminer l'excès de capacité relatif

$$\frac{K_t - K_t^*}{K_t}$$

sur un horizon T. Il remplace donc la condition manquante de pleine capacité par

$$K_t^* = vY_t$$

Il introduit par ailleurs un délai de réaction des entrepreneurs égal à une période. Le taux d'élimination de l'excès de capacité relatif sera par conséquent

$$\frac{K_t - K_t^*}{K_t} \bullet \frac{1}{T}$$

ou, en divisant par K_t

$$\frac{1}{T}\left[1 - \frac{K_t^*}{K_t}\right]$$

ou encore, en remplaçant K_t^* par sa valeur,

$$\frac{1}{T}\left[1 - v\frac{Y_t}{K_t}\right]$$

4.2. Les équations du modèle de déséquilibre

1) La fonction d'investissement qui décrit le comportement d'ajustement retardé des entrepreneurs s'écrit :

$$\frac{I_t}{K_t} = G_\omega - \frac{1}{T}\left[1 - v\frac{Y_{t-1}}{K_{t-1}}\right] \qquad (1)$$

2) La fonction d'épargne n'est pas retardée, l'épargne étant supposée réalisée sur le revenu courant. La condition de flux s'écrit donc

$$I_t = S_t = sY_t \qquad (2)$$

4.3. Résolution

En divisant (2) par K_t on obtient

$$X_t = \frac{I_t}{K_t} = s\frac{Y_t}{K_t}$$

ou $\frac{Y_t}{K_t} = \frac{X_t}{s}$

En substituant dans (1) on a

$$X_t = \frac{I_t}{K_t} = G_\omega - \frac{1}{T}\left[1 - \frac{v}{s}X_{t-1}\right]$$

ou encore

$$X_t = \frac{I_t}{K_t} = G_\omega - \frac{1}{T}\left[1 - \frac{1}{G_\omega}X_{t-1}\right]$$

avec $\frac{v}{s} = \frac{1}{G_\omega}$

On a finalement

$X_t - \frac{1}{G_\omega T}X_{t-1} = G_\omega\left[1 - \frac{1}{G_\omega T}\right]$, équation aux différences finies

du premier ordre non homogène

dont la solution particulière est obtenue en faisant l'hypothèse

stationnaire

$$X_t = X_{t-1} = X_E,$$

soit

$$X_E = G_\omega$$

La solution de l'équation homogène

$$X_t - \frac{1}{G_\omega T} X_{t-1} = 0$$

se déduit de l'équation auxiliaire

$$\lambda^t - \frac{1}{G_\omega T} \lambda^{t-1} = 0,$$

avec $\lambda^t = X_t$.

On en tire en effet

$\lambda = \frac{1}{G_\omega T}$ et $X_t = \left[\frac{1}{G_\omega T}\right]^t$

La solution générale est donc

$$X_t = G_\omega + A\left[\frac{1}{G_\omega T}\right]^t$$

où A est une constante permettant de définir la condition initiale, soit pour t = 0

$A = X_0 - G_\omega$, et

$$\boxed{X_t = G_\omega + [X_0 - G_\omega]\left[\frac{1}{G_\omega T}\right]^t},$$

qui convergera vers l'équilibre stationnaire $X_t = G_\omega$ pour

$\frac{1}{G_\omega T} \prec 1$ ou $\boxed{T \succ \frac{1}{G_\omega} = \frac{v}{s}}$

C'est la condition de stabilité recherchée.

4.4. Interprétation économique

La démarche de Phillips consiste à démontrer que la condition formelle de stabilité ainsi définie ne peut pas être remplie dans le contexte des économies capitalistes contemporaines. Il procède par démonstration directe et indirecte :

- **La démonstration directe** consiste à donner des valeurs plausibles à v et s, et de montrer que la valeur trouvée pour T est invraissemblable. Ainsi peut-on admettre les intervalles ci-dessous pour v et s, en se référant à l'expérience des économies capitalistes contemporaines, v étant pris en données annuelles :

  $2 \leq v \leq 4$ et $0{,}1 \leq s \leq 0{,}3$

En prenant par exemple v = 3 et s = 0,2, la condition de stabilité donne T > 15 ans. Ceci signifie que l'horizon des entrepreneurs doit être supérieur à 15 ans pour que le mécanisme d'ajustement soit efficace, ce qui est évidemment trop long, les prévisions des entrepreneurs portant généralement sur l'année.

- **Dans la démonstration indirecte,** on suppose qu'à l'inverse l'horizon T est plausible et égale à l'année. La condition de stabilité donne

$$1 \succ \frac{v}{s}, \text{ ou } v < s$$

ce qui est absurde, le taux d'épargne étant normalement inférieur à 1, tandis le coefficient de capital est supérieur à 1.

Conclusion sur la théorie fondamentale néo-keynésienne de la croissance

L'instabilité autant que la surdétermination du modèle Harrod-Domar, tiennent non pas tant à la fixité des coefficients, qu'à la rigidité des comportements qui caractérise la théorie néo-keynésienne. Cette théorie est comme on l'a vu, représentative d'une dynamique essentiellement causale, où les anticipations des entrepreneurs tiennent une grande place dans l'explication de la croissance. Il est probable que dans cette optique, la flexibilité ou la fixité des coefficients n'est pas un facteur suffisant de stabilité ou d'instabilité, et que les anticipations peuvent se rationaliser.

Dans une optique formelle toutefois, on peut supposer toutes choses égales par ailleurs, que le sentier de croissance convergera vers l'équilibre $n = \frac{s}{v}$ si l'un quelconque des trois coefficients n, s et v est flexible. Le coefficient variable serait alors déterminé de manière endogène, si bien que le système de quatre équations précédemment nécessaire se réduirait à trois, levant ainsi la surdétermination du modèle.

La théorie néo-classique de la croissance que l'on va à présent examiner repose à cet égard sur la flexibilité du coefficient de capital v, lequel sert de *variable d'ajustement*.

IV.2. La théorie néo-classique de la croissance[31] (ou la dynamique d'équilibre)

L'objet de cette théorie est de montrer que le modèle de croissance Harrod-Domar est auto-ajustable, pour peu que l'on admette la flexibilité du coefficient de capital v. Cette flexibilité est le corollaire de la substituabilité des facteurs. Si l'on peut en effet choisir la combinaison productive k = K/L, l'on peut aussi choisir

$$v = \frac{k}{y} = \frac{K/L}{Y/L},$$

puisque y = f(k), avec f ' > 0 et f ''< 0.

Il est important de comprendre que cette flexibilité est plausible dans le long terme, qui est l'horizon de la théorie néo-classique, alors que l'hypothèse de fixité des coefficients est plus plausible dans la moyenne et courte période, où les structures de production sont données. Le modèle néo-classique est toutefois présenté sous une forme *atemporelle*, c'est-à-dire que la durée de l'ajustement n'est pas explicitement prise en compte.

Nous présenterons d'abord le cadre formel du modèle, avant de voir le principe de l'ajustement automatique, et les principales critiques adressées au modèle.

IV.2.1. Les hypothèses

Nous procèderons par comparaison avec les hypothèses de la théorie néo-keynésienne, puisque la théorie néo-classique se présente essentiellement comme une réaction à la première théorie.

1. Les différences

1) Les équations du modèles sont des équations de définition (des identités remarquables), et non plus des relations de comportement (des conditions d'équilibre). Les marchés sont en effet toujours équilibrés par hypothèse, grâce à la flexibilité des prix relatifs impliquée par la substituabilité des facteurs. Cette propriété confère au

---

[31] R.M. Solow, « A Contribution to the Theory of Economic Growth », *Quarterly Journal of Economics*, Vol 70, 1956, pp. 65-94.
Voir aussi Trevor Swan, « Economic Growth and Capital Accumulation, Economic Record, Vol.32, Novembre 1956, pp334-61. R.M. Solow and P.A. Samuelson, "Balanced Growth Under Constant Returns to Scale", Econometrica, Vol 21, 1953.

modèle néo-classique un caractère très formel et très « stylisé », contrairement au modèle néo-keynésien caractérisé par la recherche permanente de la causalité sous-jacente aux difficultés d'ajustement du système.

2) Il en résulte que la fonction de production utilisée est celle à facteurs substituables et non plus complémentaires. Il convient toutefois de relativiser cette différence. Le coefficient de capital v n'est flexible en effet que sur l'isoquant d'origine, ou en période d'ajustement (graphique 6a). Sur le sentier d'équilibre, avec l'hypothèse des rendements constants, on a $v = v_0$ et l'hypothèse de fixité des coefficients est plausible.

2. Les ressemblances

L'optique de statique comparative est maintenue ici, et on a toujours à faire à un modèle d'accumulation du capital, avec les corollaires suivants :

- La fonction d'épargne est toujours de type proportionnelle, soit $S = sY$, s étant exogène et constant.
- L'offre de travail est toujours supposée croître au taux exogène n. Noter toutefois qu'ici, la demande de travail est fonction de sa productivité marginale.
- Les rendements à l'échelle sont constants, ce qui permet une écriture réduite de la fonction de production. Soit y = f (k), avec la restriction des productivités marginales positives et décroissantes (f ' > 0 et f '' < 0).

IV.2.2. Les relations du modèle

1) Pleine capacité :

$$y = f(k) \qquad (1)$$

2) Définition de l'épargne :

$$I = S = DK = sY \qquad (2)$$

3) Plein emploi :

$$L = L_0 \ell^{nt} \qquad (3)$$

IV.2.3. La résolution du modèle

Nous verrons successivement la détermination des sentiers d'équilibre des variables et les propriétés de l'équilibre (unicité et stabilité)

1. Les sentiers d'équilibre des variables

En divisant (2) par K on obtient

$$\frac{DK}{K} = s\frac{Y}{K} = s\frac{Y/L}{K/L} = s\frac{y}{k} = s\frac{f(k)}{k}$$

Par ailleurs nous avons, à partir de $k = \frac{K}{L}$, Log k = Log K – Log L.

On en déduit

$$DLogk = \frac{Dk}{k} = s\frac{f(k)}{k} - n$$

et

$$\boxed{Dk = sf(k) - nk}$$

Equation différentielle du modèle, du premier ordre non homogène, dont la solution générale dépend de la forme de f(k). Toutefois, l'hypothèse des rendements constants suggèrent une solution particulière, sachant qu'on a alors sur le sentier d'équilibre (graphique 6a)

$$k = \frac{K}{L} = k_0 = cte.$$

On en déduit Dk = 0, et *l'équation caractéristique* du modèle, soit

$$\frac{f(k)}{k} = \frac{n}{s} \text{ ou } \boxed{n = \frac{s}{v}}$$

qui n'est rien d'autre que la condition de compatibilité Harrod-Domar. On peut également remarquer qu'en l'écrivant sous la forme $sf(k) = nk$, on peut interpréter l'équation caractéristique comme une condition d'égalité entre l'épargne par tête (sf(k)) et l'investissement en capital par tête (nk).

L'équation caractéristique permet de trouver immédiatement les sentiers des variables, lorsque la forme de f(k) est spécifiée. Avec une Cobb-Douglas à rendements constants par exemple, on aura

$f(k) = k^{\alpha}$, ou $\frac{k^{\alpha}}{k} = \frac{n}{s}$ et $k = \left[\frac{s}{n}\right]^{\frac{1}{1-\alpha}}$

En substituant dans K = kL on obtient

$$\boxed{K = \left[\frac{s}{n}\right]^{\frac{1}{1-\alpha}} L_0 \ell^{nt}}$$

sachant que $L = L_0 \ell^{nt}$ par hypothèse. Ceci s'écrit plus généralement

$$\boxed{K = K_0 \ell^{nt}},$$

avec $K_0 = k_0 L_0$, et sachant qu'à l'équilibre $k = k_0$.

On aura de même

$$y = f(k) = k^{\alpha} = \left[\frac{s}{n}\right]^{\frac{\alpha}{1-\alpha}}$$

En substituant dans Y = yL on obtient

$$\boxed{Y = \left[\frac{s}{n}\right]^{\frac{\alpha}{1-\alpha}} L_0 \ell^{nt}}$$

ou plus généralement[32]

$$\boxed{Y = Y_0 \ell^{nt}}$$

avec $Y_0 = y_0 L_0$, et sachant qu'à l'équilibre $y = y_0$.

En conclusion, toutes les variables globales croissent, sur le sentier d'équilibre, au taux constant n. *Mais les variables par tête y et k restent constantes en vertu des rendements constants.*

2. Les propriétés de l'équilibre

Inada[33] a établi les deux conditions de dérivation qui garantissent l'existence, l'unicité et la stabilité de l'équilibre :

---

[32] De manière générale, la forme des sentiers est la même, quelle que soit la fonction spécifiée. Seules les conditions initiales changent. Dans le cas d'une C.E. S. par exemple, on aura $Y_0 = \left(AK_0^{-\gamma} + BL_0^{-\gamma}\right)^{-1/\gamma}$, pour une fonction à coefficients fixes $Y_0 = \frac{K_0}{v}$, et pour une Cobb-Douglas à rendements constants $Y_0 = K_0^{\alpha} L_0^{1-\alpha}$

[33] Ken-Ichi Inada, " On a Two-Sector Model of Economic Growth : Comments and a Generalization", Review of Economic Studies, 30, June 1963, pp 119-127.

$$\lim_{k\to 0} f'(k) = \lim_{L\to 0} f'(L) = \infty$$
$$\lim_{k\to \infty} f'(k) = \lim_{L\to \infty} f'(L) = 0$$

Ces conditions généralisent la loi des productivités marginales décroissantes, qui est souvent réduite aux conditions de premier et de second ordre (f '> 0 et f ''< 0). On peut y ajouter les conditions implicites à celles de continuité et de dérivabilité :

f '(0) = 0, et f '(∞) = (∞).

2.1. L'unicité de l'équilibre

A un instant donné, l'équation caractéristique de l'équilibre du modèle, soit $sf(k) = nk$, peut être graphiquement représentée par l'intersection de la courbe s.f(k) et de la droite nk (graphique 16). Les conditions d'Inada restreignent la fonction f(k) à sa portion où les productivités marginales sont positives et décroissantes, garantissant qu'elle est parfaitement concave, et qu'il existe un et un seul point d'intersection tel que A entre sf(k) et une droite issue de l'origine tel que nk.

2.2. La stabilité de l'équilibre : le principe d'ajustement automatique dans le modèle néo-classique

Ce principe peut s'établir graphiquement et analytiquement.

2.2.1. La description graphique du principe

On peut distinguer entre la stabilité absolue et relative (cf supra introduction) :

Stabilité absolue : La neutralité de la demande d'investissement

A *taux d'épargne constant, une variation de la demande d'investissement n'a aucun effet sur l'équilibre.* Tout écart de l'intensité capitalistique k par rapport à sa valeur d'équilibre $\bar{k}$ tel que $sf(k) \neq nk$ (ou Dk ≠ 0) se résorbe automatiquement, et *k converge vers* $\bar{k}$.

Le *diagramme des phases* (graphique 16b) représente l'équation différentielle du modèle $Dk = sf(k) - nk$ par des écarts tels que AA'

($sf(k) \succ nk$) et CC' ($sf(k) \prec nk$) sur le graphique 16a. Dk converge vers zéro dans tous les cas, soit par valeurs négatives pour k > $\bar{k}$ (k_1), soit par valeurs positives pour k < $\bar{k}$ (k_2).

Cette propriété est plausible dans les hypothèses néo-classiques. L'écart $sf(k) \prec nk$ par exemple peut en effet s'analyser comme un écart inflationniste S – I < 0, lequel entraîne dans l'hypothèse de flexibilité des prix, une hausse du taux d'intérêt et une baisse de la demande d'investissement en capital, c'est-à-dire une baisse de k qui converge ainsi vers $\bar{k}$.

Stabilité relative : La neutralité du taux d'épargne

Une variation ponctuelle (« once for all change ») du taux d'épargne modifie le niveau de croissance (cf supra introduction, pour la distinction entre niveau et taux de croissance) à travers la modification de l'intensité capitalistique k. *Mais cette variation n'a aucun effet sur le taux de croissance* (graphique 17). Un ***nouvel équilibre*** s'instaure automatiquement, plus capitalistique dans le cas d'une hausse du taux d'épargne ($\bar{k}_1 \succ \bar{k}$) ou moins capitalistique dans le cas d'une baisse ($\bar{k}_1 \prec \bar{k}$).

Cas d'une hausse du taux d'épargne

Le taux d'épargne s_1 est dans ce cas tel que $n \prec \frac{s_1}{v}$. Ceci peut s'interpréter comme une rareté du facteur travail, ce qui dans les hypothèses néo-classiques (substituabilité des facteurs et flexibilité de v) induit une substitution du capital au travail (augmentation de k), et donc une augmentation de $v = \frac{k}{y}$. Par conséquent $\frac{s_1}{v}$ diminue et converge vers n.

Cas d'une baisse du taux d'épargne

Un raisonnement symétrique du précédent conduit au même résultat dans le cas d'un taux d'épargne s_2 tel que $n \succ \frac{s_2}{v}$.

Graphique 16a : Stabilité absolue de l'équilibre dans le modèle néo-classique

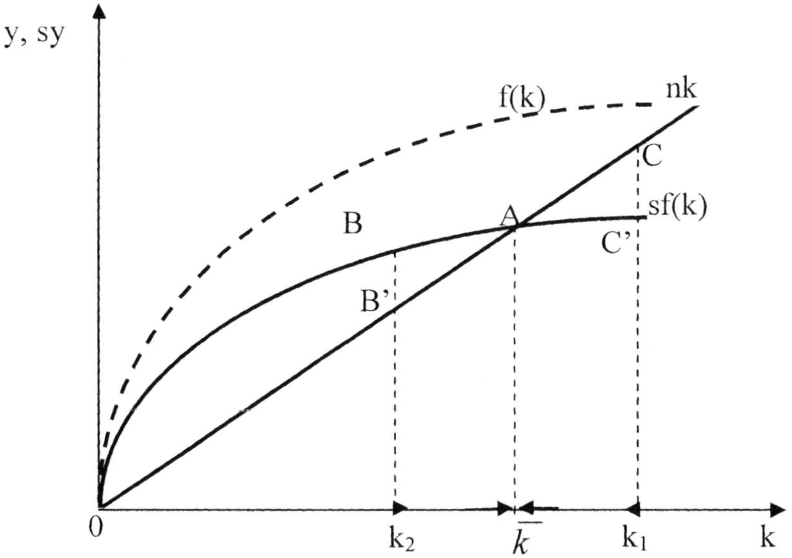

Graphique 16b : Le diagramme des phases du modèle néo-classique

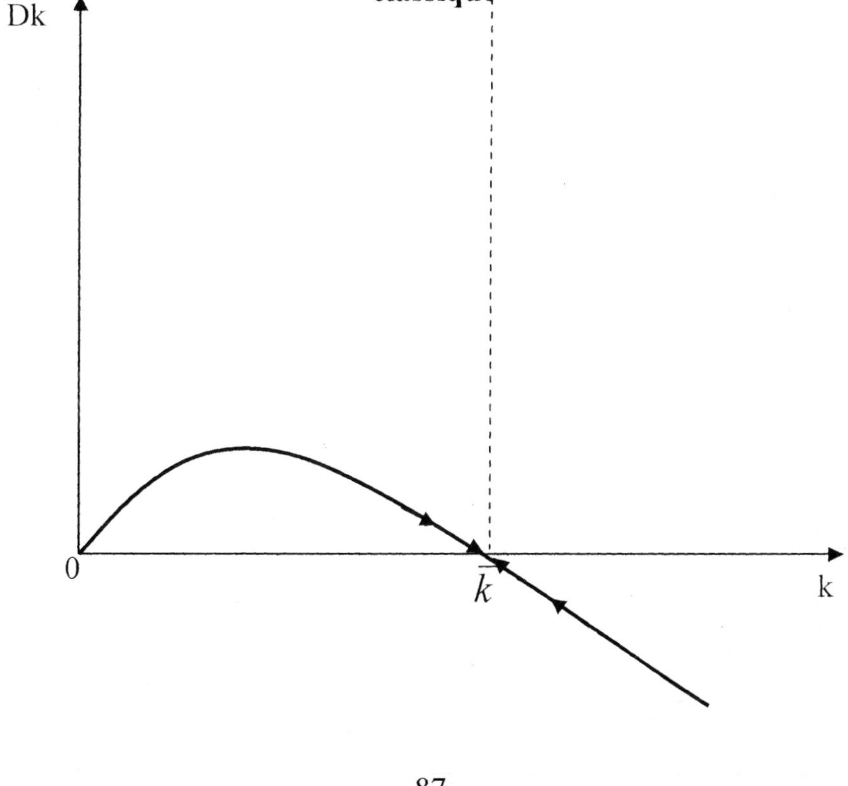

Graphique 17 : Stabilité relative de l'équilibre dans le modèle néo-classique

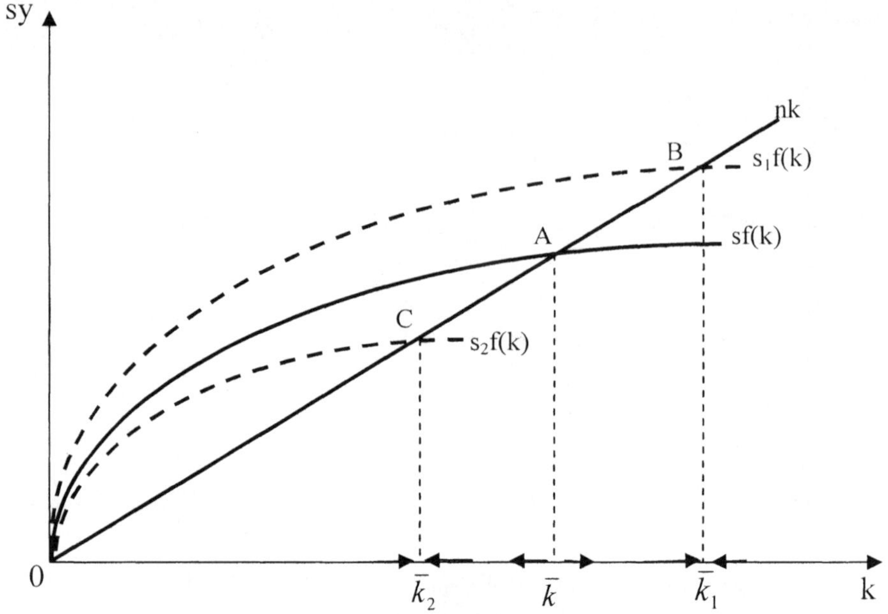

2.2.2. Etude analytique de la stabilité

Nous retenons ici le concept de stabilité absolue. Nous utilisons une Cobb-Douglas à rendements constants. Les relations du modèle sont donc les suivantes :

- Pleine capacité : $Y = K^{\alpha} L^{1-\alpha}$ (1)
- Définition de l'épargne : I = DK = sY (2)
- Plein-emploi : $L = L_0 \ell^{nt}$ (3)

En substituant (3) dans (1) on obtient $Y = K^{\alpha}\left(L_0 \ell^{nt}\right)^{1-\alpha}$. En substituant dans (2) on a

$$\boxed{DK = sK^{\alpha}\left(L_0 \ell^{nt}\right)^{1-\alpha}}$$

Equation différentielle du premier ordre à variables séparables qui peut s'écrire

$\dfrac{dK^{\alpha}}{K^{\alpha}} = s\left(L_0 \ell^{nt}\right)^{1-\alpha} dt$, avec DK = dk/dt

La solution générale (le sentier de K) s'obtient en intégrant le taux de croissance, soit

$$\int \frac{1}{K^{\alpha}} dK = sL_0^{1-\alpha} \int \ell^{n(1-\alpha)t} dt$$

ou encore

$$\frac{K^{1-\alpha}}{1-\alpha} = sL_0^{1-\alpha} \bullet \frac{1}{n(1-\alpha)} \ell^{n(1-\alpha)t} + C \cdot$$

C est déterminé par la condition initiale, soit

$$C = \frac{K_0^{1-\alpha}}{1-\alpha} - sL_0^{1-\alpha} \frac{1}{n(1-\alpha)}$$

On a donc

$$\frac{K^{1-\alpha}}{1-\alpha} = sL_0^{1-\alpha} \bullet \frac{1}{n(1-\alpha)} \ell^{n(1-\alpha)t} + \frac{K_0^{1-\varepsilon}}{1-\alpha} - \frac{sL_0^{1-\alpha}}{n(1-\alpha)}$$

En multipliant par 1-α on obtient

$$K^{1-\alpha} = sL_0^{1-\alpha} \bullet \ell^{n(1-\alpha)t} \frac{1}{n} + K_0^{1-\alpha} - \frac{sL_0^{1-\alpha}}{n}$$

$$= \frac{s}{n} L_0^{1-\alpha} \left[\ell^{n(1-\alpha)t} - 1\right] + K_0^{1-\alpha}$$

et finalement, en divisant les exposants par 1-α

$$\boxed{K = \left\{\frac{s}{n} L_0^{1-\alpha} \left[\ell^{n(1-\alpha)t} - 1\right] + K_0^{1-\alpha}\right\}^{\frac{1}{1-\alpha}}}$$

Pour t tendant vers l'infini, K tend vers le sentier-limite

$$\boxed{\lim_{t \to +\infty} K = \left[\frac{s}{n}\right]^{\frac{1}{1-\alpha}} L_0 \ell^{nt}}$$

qui n'est rien d'autre que le sentier d'équilibre dans le cas d'une Cobb-Douglas à rendements constants.

La même démonstration peut être faite pour les autres sentiers. Sachant que k = K/L, et connaissant le sentier de L, la limite précédente devient $\lim_{t \to +\infty} k = \left[\frac{s}{n}\right]^{\frac{1}{1-\alpha}}$. Sachant également que y = Y/L et connaissant Y et L, la limite devient $\lim_{t \to +\infty} y = \left[\frac{s}{n}\right]^{\frac{\alpha}{1-\alpha}}$.

IV.2.4. La critique du modèle néo-classique

Les critiques portent sur l'irréalisme et le caractère restrictif des hypothèses du modèle d'une part, et le caractère paradoxal des conclusions, d'autre part. Il est important de préciser que la plupart de ces critiques ont été formulées par Solow lui-même, en réponse notamment à Eisner[34]. Il apparaît ainsi que ces critiques reflètent l'opposition entre le court terme et le long terme, et permettent de mieux comprendre la portée des hypothèses néo-classiques.

1. Les hypothèses sont irréalistes et restrictives

1.1. L'hypothèse de flexibilité des prix.

La flexibilité du coefficient de capital qui sous-tend le mécanisme de l'ajustement automatique, repose sur l'hypothèse de flexibilité des prix. Or ces prix peuvent être rigide, aussi bien à la hausse qu'à la baisse :

- **Sur le marché des biens et services,** le mécanisme d'ajustement ne fonctionnera que si, d'une part, le taux d'intérêt i est flexible et si, d'autre part, la demande d'investissement est élastique par rapport à ce taux. Or dans les économies contemporaines i peut être rigide parce que les entrepreneurs comparent dans leurs calculs le taux d'intérêt du marché non pas avec le taux d'équilibre $\bar{i}$ tel que i = $\bar{i}$, mais avec l'efficacité marginale du capital i', c'est-à-dire leur taux de profit anticipé, tel que i' = i. i convergera donc vers i' et non vers $\bar{i}$, et le mécanisme d'ajustement de i à $\bar{i}$ sera bloqué à la hausse ou à la baisse.

Même en admettant que i converge vers $\bar{i}$, la demande d'investissement peut être inélastique par rapport au taux d'intérêt, faisant ainsi obstacle à la variation de k dont dépend la flexibilité de v et donc l'efficacité du mécanisme d'ajustement. Ceci peut se produire parce que la fonction d'investissement est indépendante de la fonction d'épargne, les anticipations sous jacentes n'étant pas nécessairement compatibles. Dans l'univers néo-classique on suppose au contraire que les deux fonctions sont liées, toute l'épargne étant transformée en investissement par l'intermédiaire du taux d'intérêt.

---

[34] R. M. Solow, "Is Factor Substitution a Crime, and If So, How Bad ? Reply to Professor Eisner", ***Economic Journal***, Vol 69, Septembre 1959, pp. 597-99. voir aussi R. Eisner, "On Growth Models and the Neoclassical Resurgence", *Economic Journal*, Vol 68, Décembre 1958, pp. 707-21.

- **Sur le marché du travail,** le mécanisme d'ajustement dépend entièrement de la flexibilité du taux de salaire, à la baisse notamment. Mais dans les économies contemporaines l'action des syndicats tend à rendre les salaires rigides à la baisse. De plus, même en admettant cette flexibilité, l'ajustement offre-demande de travail par une baisse de salaire peut constituer une solution malthusienne, dans la mesure où elle débouche sur une baisse généralisée du niveau d'activité.

1.2. L'hypothèse d'ajustement instantané

Le caractère *atemporel* du modèle néo-classique a été critiqué, notamment par K. Sato[35]. Celui-ci montre sur un exemple simple que la durée de l'ajustement décrit dans le modèle néo-classique peut être très longue. Il suppose que dans la condition $n = \frac{s}{v}$, on ait s = 0,06, v = 3 et n = 0,02.

Si s passe à 0,08, l'ajustement nécessite que v passe de 3 (K = 3Y) à 4 (K = 4Y). Avec l'hypothèse d'une fonction d'épargne proportionnelle S =sY, cette augmentation signifie qu'à chaque période, (0,08Y) doit être investi pour maintenir l'équilibre (condition S = I). La réalisation d'une unité de Y nécessite donc 1/ (0,08) périodes, soit 12,5 ans si on prend l'année comme période. Ceci est évidemment trop long. De plus, si on tient compte du fait que Y n'est pas un objectif fixe mais croissant au taux n = 2% par an, le délai d'ajustement sera plus long, et peut être même infini.

1.3. La restriction de la fonction de production

Nous avons vu que les conditions restrictives d'Inada étaient commodes pour définir une fonction de production « régulière », compatible avec l'existence, l'unicité et la stabilité de l'équilibre. Solow a examiné les implications du relâchement d'une ou plusieurs de ces conditions. Il s'agit notamment de l'inexistence de l'équilibre (pas d'intersection entre nk et sf(k), mais surtout de la pluralité des points d'équilibre, dont certains sont instables. Sur le graphique 18, une courbe sf(k) non concave coupe nk en A et B, A étant un équilibre instable [nk > sf(k) à gauche et nk < sf(k) à droite], et B un équilibre stable.

[35] Kazuo Sato, "On the Adjustment Time in Neoclassical Models", ***Review of Economic Studies***, Vol. 33, N° 85, Juillet 1966, pp 263-265.

Solow montre par ailleurs que même si sf(k) est parfaitement concave, la non constance du taux naturel n transforme la droite nk en une courbe n(k)k, qui coupe sf(k) en A et B, l'équilibre étant stable en A et instable en B (graphique 19). On rend n variable en en faisant une fonction du capital par tête k. On suppose qu'en deçà d'un seuil de subsistance 0', l'investissement démographique (capital par tête k interprété en termes de richesse) est très faible et n peut devenir négatif.

L'instabilité du point d'équilibre B combinée à l'instabilité de A ont eu une portée importante dans la théorie du développement. Elle s'apparente à l'idée de décollage (« take off ») dans la *théorie des stades de la croissance* de Rostow, ou encore à la théorie de *« l'effort minimum critique »* de Leibenstein[36], selon laquelle une *masse critique d'investissement par tête* (k supérieur à $\bar{k}_B$) est seule susceptible d'arracher les pays en développement du champ des forces centripètes qu'exerce une *« trappe à bas revenus »* tel que $\bar{k}_A$.

2. Les conclusions du modèle sont paradoxales

Nous avons vu que l'hypothèse des rendements constants impliquait la constance des variables par tête k et y sur le sentier d'équilibre. On se trouve de ce fait en présence d'un dilemme : soit le niveau de vie y augmente mais en déséquilibre, soit l'économie croît en équilibre, mais avec un niveau de vie constant ($y = y_0$). Comme l'économie croît toujours en hypothèse dans les hypothèses néo-classiques, le niveau de vie ne s'améliore donc jamais, ce qui est paradoxal.

Cette critique aurait tout aussi bien pu être adressée au modèle Harrod-Domar, puisque les rendements y sont également constants. Cette particularité n'est donc pas propre modèle néo-classique. Elle résulte de l'hypothèse de statique comparative implicite à toute la théorie fondamentale (et même à toute la théorie de la croissance, puisque les différents facteurs ne sont jamais pris en compte simultanément), dont on a vu qu'elle était une théorie de l'accumulation du capital. Les extensions du modèle fondamental

---

[36] Harvey Leibenstein, ***A Theory of Economic Demographic Development***, Princeton, 1954. Voir aussi ***Economic Backwardness and Economic Growth***, New York, 1957.

permettent de dépasser ce paradoxe, par la prise en compte d'autres facteurs explicatifs.

Graphique 18 : Equilibre multiple dans le modèle néo-classique [f(k) non "régulière"]

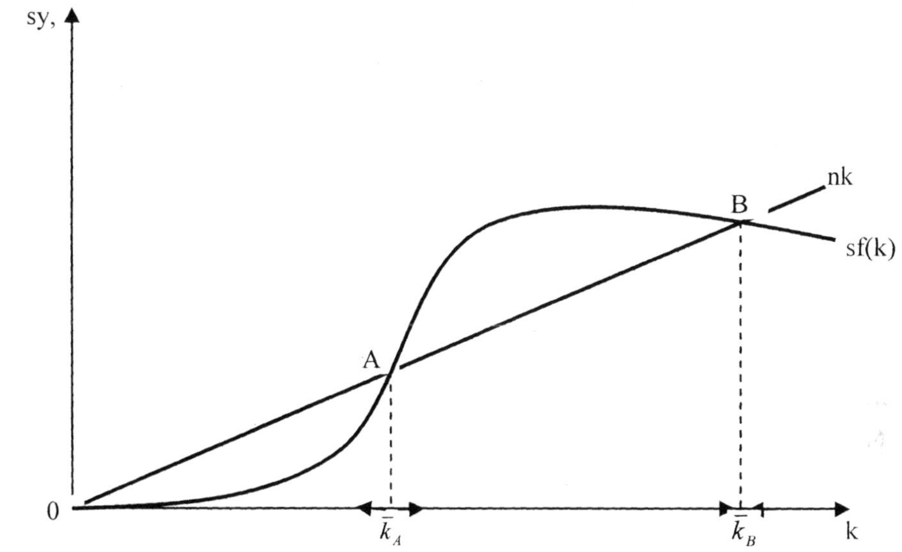

Graphique 19 : Equilibre multiple dans le modèle néo-classique (variation du taux de croissance de la population)

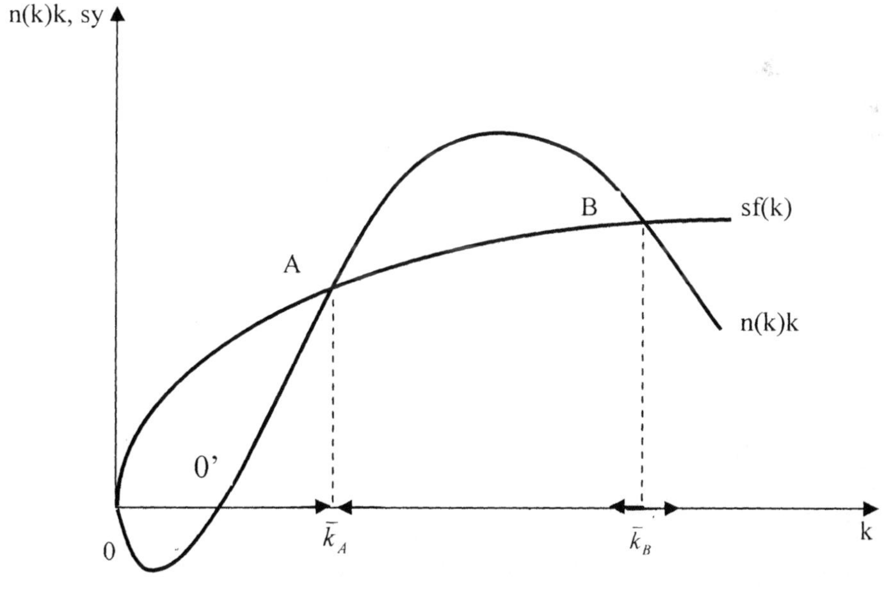

IV.3. La théorie néo-ricardienne (ou la critique du concept néo-classique du capital)

IV.3.1. Les succédanés de la fonction de production néoclassique

Il existe deux principaux succédanés: la fonction de progrès technique et la frontière des prix des facteurs. Nous nous limitons ici à ce dernier, puisque le modèle complet de Kaldor reposera plus loin sur le premier.

La frontière des prix des facteurs a été mise au point par Champernowne (1953) et Samuelson (1962), également appelée « équation du salaire par Hicks (1965). Il s'agissait d'une réaction aux critiques de la nouvelle Ecole de Cambridge (Joan Robinson et Sraffa notamment) à l'endroit de la théorie néo-classique du capital, visant les hypothèses de la fonction globale de production : Rémunération des facteurs à leur productivité marginale, homogénéité des facteurs et du produit, substituabilité des facteurs.

Nous examinerons ici la présentation de Samuelson, dont l'objectif était de préserver l'essentiel des résultats de la théorie néo-classique, tout en intégrant les critiques cambridgiennes, notamment celle relative à l'homogénéité. L'hypothèse d'hétérogénéité conduit ainsi Samuelson à adopter une mesure en valeur (et non en unités physiques) du capital global, au moyen d'une relation entre les prix des facteurs. On vérifie qu'en concurrence parfaite cette relation est négative. Soit en effet l'équation d'Euler de la répartition fonctionnelle,

$$Y = \omega L + iK$$

où Y désigne le produit, K et L le capital et le travail, ω et i les taux de salaire et d'intérêt (égal au taux de profit π en concurrence parfaite). Avec des rendements constants, l'on en déduit la fonction réduite

$$y = \omega + \pi k$$

En différenciant, il vient

$$dy = d\omega + \pi.dk + k.d\pi$$

Comme y et k sont constants, ceci se réduit à

$0 = d\omega + 0 + k.d\pi$

soit finalement

$d\omega / d\pi = - k < 0$

La frontière des prix de facteurs est une relation de cette nature, établie en dehors des hypothèses néo-classiques. Nous en présentons tour à tour l'étude analytique et la description graphique.

1. Etude analytique de la frontière des prix de facteurs

1.1. Les hypothèses

1. L'économie a deux secteurs (I et II), le premier produisant des biens d'équipement et le second des biens de consommation. L'hypothèse d'homogénéité du produit est donc relâchée ;

2. plusieurs techniques de production sont utilisées, et le capital physique est hétérogène. Chaque classe de machines correspond à une technique de production différente, mais les machines (biens de production) sont utilisées dans les deux secteurs ;

3. Les facteurs sont complémentaires ;

4. Les facteurs ne sont plus rémunérés à leur productivité marginale. L'hypothèse d'épuisement du produit est donc relâchée (sauf à l'équilibre).

1.2. Les relations (pour une seule technique de production)

1.2.1. La fonction de production

Une fonction est définie pour chaque secteur :

$$\left.\begin{aligned} Y_1 &= \frac{K_1}{v_1} = \frac{L_1}{u_1} \\ Y_2 &= \frac{K_2}{v_2} = \frac{L_2}{u_2} \end{aligned}\right\} \qquad (1)$$

où u et v désignent les proportions fixes de facteurs. L'on en déduit le rapport (m) des intensités capitalistiques des secteurs

$$m = (K_2/L_2) / (K_1/L_1) = (u_1.v_2) /(u_2.v_1) \qquad (2)$$

m indique le degré de mécanisation comparé des secteurs[37] :

- Si m = 1, le secteur II est aussi mécanisé que le secteur I.
- Si m > 1, le secteur II est plus mécanisé que le secteur I
- Si m < 1, le secteur II est moins mécanisé que le secteur I

1.2.2. Les équations de prix

A l'équilibre, les prix des facteurs sont égaux dans les deux secteurs, et la valeur du produit se répartit dans chaque secteur entre les salaires et les profits, soit :

$$\left.\begin{aligned} pY_1 &= RK_1 + \omega L_1 \\ Y_2 &= RK_2 + \omega L_2 \end{aligned}\right\} \qquad (3)$$

où

- p est le prix des biens d'équipement, le bien de consommation étant retenu comme numéraire, donc avec un prix égal à l'unité ;
- R est le taux de profit nominal (P/K). π désignera ici le taux de profit réel, soit (P/K) / p.
- ω est le taux de salaire réel.

En substituant dans (3) les valeurs tirées de (1), l'on obtient :

$$\left.\begin{aligned} p \cdot Y_1 &= R \cdot L_1 \cdot \frac{v_1}{u_1} + \omega \cdot Y_1 \cdot u_1 \\ Y_2 &= R \cdot L_2 \cdot \frac{v_2}{u_2} + \omega \cdot Y_2 \cdot u_2 \end{aligned}\right\} \qquad (3')$$

En simplifiant par Y, il vient :

$$\left.\begin{aligned} p &= R \cdot v1 + \omega \cdot u1 \\ 1 &= R \cdot v2 + \omega \cdot u2 \end{aligned}\right\} \qquad (4)$$

Comme π est égal à R/P, (4) devient

$$\left.\begin{aligned} (a) p &= p\pi \cdot v_1 + \omega \cdot u_1 \\ (b) 1 &= p\pi \cdot v_2 + \omega \cdot u_2 \end{aligned}\right\} \qquad (5)$$

L'équation de la frontière des prix de facteurs s'obtient en résolvant le système (5). De 5 (a) on tire

[37] m peut aussi être défini comme le déterminant de la matrice $\begin{vmatrix} v_2 & u_2 \\ v_1 & u_1 \end{vmatrix}$, soit $m = v_2 u_1 - v_1 u_2$. Dans ce cas m sera comparé à 0 pour la détermination du degré de mécanisation comparée des secteurs.

$$p = \frac{\omega \cdot u_1}{1 - \pi \cdot v_1}$$

En substituant dans 5(b) on a

$$1 = \frac{\omega \cdot u_1}{1 - \pi \cdot v_1} \cdot \beta\pi \cdot v_2 + \omega \cdot u_2$$

En multipliant par $1 - \pi \cdot v_1$ il vient

$$1 - \pi \cdot v_1 = \omega \cdot u_1 \cdot \pi \cdot v_2 + \omega \cdot u_2(1 - \pi \cdot v_1)$$

ou encore, en remplaçant u_1v_2 par sa valeur tirée de (2),

$$1 - \pi \cdot v_1 = \omega \cdot \pi \cdot u_2 \cdot v_1 + \omega \cdot u_2 - \omega \cdot \pi \cdot u_2 \cdot v_1$$

Soit finalement, en mettant en facteur $\omega \cdot \pi \cdot u_2 \cdot v_1$ dans le second membre,

$$\omega \cdot \pi \cdot u_2 \cdot v_1(m - 1) + \omega \cdot u_2 + \pi v_1 = 1$$

L'on en déduit l'équation de la frontière des prix de facteurs

$$\boxed{\omega = \frac{1 - \pi \cdot v_1}{\pi \cdot u_2 \cdot v_1(m - 1) + u_2}} \qquad (6)$$

2. Représentation graphique

La dérivée première de (6) est négative, tandis que le signe de la dérivée seconde dépend de la valeur de m.

$$\frac{d\omega}{d\pi} = -\frac{v_1[\pi \cdot u_2 \cdot v_1(m-1) + u_2] + (1 - \pi v_1)(m-1)u_2 \cdot v_1}{[\pi \cdot u_2 \cdot v_1(m-1) + u_2]^2}$$

$$= -\frac{\pi \cdot u_2 \cdot v_1^2(m-1) + v_1 \cdot u_2 + u_2 \cdot v_1(m-1) - \pi \cdot u_2 \cdot v_1^2(m-1)}{[\pi \cdot u_2 \cdot v_1(m-1) + u_2]^2}$$

$$= -\frac{u_2 \cdot v_1 + u_2 \cdot v_1(m-1)}{[\pi \cdot u_2 \cdot v_1(m-1) + u_2]^2}$$

Soit finalement, en remplaçant au numérateur u_2v_1 par sa valeur tirée de (2),

$$\frac{d\omega}{d\pi} = -\frac{u_1 \cdot v_2/m \cdot (1 + m - 1)}{[\pi \cdot u_2 \cdot v_1(m-1) + u_2]^2} = -\frac{u_1 \cdot v_2}{[\pi \cdot u_2 \cdot v_1(m-1) + u_2]^2} < 0$$

L'on a par ailleurs

$$\frac{d^2\omega}{d\pi^2} = -\frac{-2u_2 \cdot v_1(m-1)u_1 \cdot v_2[u_2 \cdot v_1(m-1)\pi + u_2]}{[u_2 \cdot v_1(m-1)\pi + u_2]^4} = \frac{2u_2 \cdot v_1 \cdot u_1 \cdot v_2(m-1)}{[u_2 \cdot v_1(m-1)\pi + u_2]^3}$$

1. **<u>Pour m = 1,</u>**

$\frac{d^2\omega}{d\pi^2} = 0$. L'équation de la frontière (6) se réduit à $\frac{1 - v_1 \cdot \pi}{u_2}$, fonction d'une droite de pente négative ($- v_1/u_2$), avec $\omega = 1/u_2$ pour $\pi = 0$ et $\pi = 1/v_1$ pour $\omega = 0$.

2. **<u>Pour m > 1,</u>**

$\frac{d^2\omega}{d\pi^2} > 0$. L'équation (6) est celle d'une hyperbole convexe.

3. **<u>Pour m < 1,</u>**

$\frac{d^2\omega}{d\pi^2} < 0$. Pour l'établir il suffit de remarquer que dans ce cas le signe de la dérivée seconde dépend de celui du numérateur, puisque le dénominateur est positif. On a alors en effet $u_2.v_1 (m-1) \pi + u_2 = u_2 [v_1 (m-1) \pi + 1]$. Comme π et v_1 sont inférieurs à 1, le produit $v_1 (m-1) \pi$ est négatif et inférieur à 1 en valeur absolue. Par conséquent la quantité $[v_1 (m-1) \pi + 1]$ est positive. L'équation (6) est celle d'une hyperbole concave.

Graphique 20 : Frontières des prix de facteurs

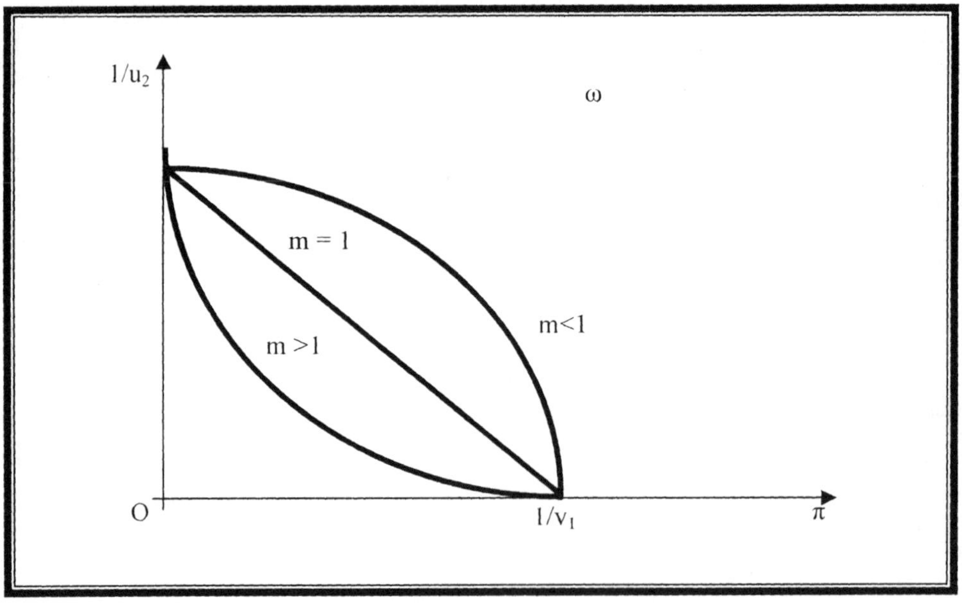

Chapitre V

Progrès technique et croissance

L'on peut définir le progrès technique en première approximation, comme tout ce qui contribue, à quantité de facteurs donnée, à l'accroissement du produit ou à l'abaissement des coûts de production. Trois principales sources de progrès technique peuvent ainsi être distinguées :

- Les améliorations de la qualité du travail (qualifications, organisation, nouvelle méthode de travail),
- Les améliorations de la qualité du capital (technologie plus efficiente),
- Les améliorations des structures (transformation positive des structures de production ou de l'environnement de la production).

L'introduction du progrès technique conduit à réécrire la fonction de production de la manière suivante :

$Y = A(t)\ F(K,L)$

où A(t) est un indice de progrès technique ayant les propriétés suivantes :

1. $A(t) = 1$ pour $t = 0$
2. $A(t) > 1$ et $A'(t) > 0$ pour $t > 0$
3. Si on suppose que le progrès technique croît au taux constant m, soit $DA/A = m$, on obtient en intégrant $A = A_0 \ell^{mt}$. Comme A (0) $= 1$, ceci se réduit à $A = \ell^{mt}$

La fonction de production peut donc s'écrire

$Y = e^{mt}F(K,L)$

Une écriture alternative de la fonction de production est la suivante :

$\sqrt{b^2 - 4ac} \quad Y = F(\overline{K}, \overline{L})$

où $\overline{K} et \overline{L}$ sont les ***unités efficaces*** de capital et de travail, liées aux ***unités physiques*** K et L par les relations suivantes :

$$\overline{K} = A(t)K$$

$$\overline{L} = A(t)L$$

Nous rappellerons les différents types de progrès technique, avant de voir comment le celui-ci peut être pris en compte dans les modèles de croissance.

La notion de progrès technique a évolué dans la pensée économique :

- Il a d'abord été considéré comme une « manne » tombée du ciel. Le trend de progrès technique est exogène dans ce cas, et superposé en quelque sorte au trend de croissance. C'est le progrès technique autonome.
- Il a ensuite été considéré comme « porté » par la dernière génération de capital, laquelle nécessite un nouvel investissement en capital. C'est le progrès technique incorporé.
- Il a enfin été considéré comme endogène, à la fois cause et effet de la croissance dans un processus d'induction réciproque entre le trend de progrès technique et le trend de croissance. C'est le progrès technique induit.

V.1. Le progrès technique autonome

V.1.1. Les hypothèses

Le progrès technique autonome repose sur trois hypothèses de base :

a. **La substituabilité** entre le PT et les facteurs de production. Le PT constitue ainsi un troisième facteur de production, autonome par rapport à ces facteurs.

b. **L'exogénéité** du progrès technique. Celui-ci est cause mais non effet de la croissance.

c. **L'homogénéité** des facteurs de production. Le progrès technique affecte les facteurs dans leur ensemble, quelque soit leur composition et leur âge.

V.1.2. La mesure du progrès technique autonome

La difficulté qu'éprouve la théorie économique à cerner la ***nature*** du progrès technique conduit à définir celui-ci par ses ***effets*** sur l'efficacité des facteurs de production. La méthode utilisée pour mesurer le PT autonome reflète à son tour la difficulté à déterminer directement ces effets. Il s'agit d'une méthode ***résiduelle***, ou indirecte, en ce sens que l'effet du progrès technique est mesuré par la différence entre le produit global et la part de ce produit expliquée par les facteurs physiques de production.

Solow montre dans son article de base sur ce sujet[38], que 87,5 % de la croissance du produit par tête aux Etats-Unis pour la période 1909-0949 sont expliqués par le progrès technique, et 12,5 % seulement par les facteurs physiques de production (travail et capital). La méthode utilisée repose sur le théorème d'Euler de la répartition fonctionnelle. Celui-ci suppose que le prix d'un facteur de production est égal en concurrence parfaite à sa productivité marginale, et que la part relative du facteur est égale alors l'élasticité du produit par rapport au facteur.

Le progrès technique intervient dans la fonction de production comme un troisième facteur à côté du capital et du travail, soit

$$Y = F(K, L, t)$$

Pour expliciter les effets du progrès technique, la méthode utilise une fonction de la forme

$$Y = A(t)\, F(K, L) \qquad (1)$$

où A(t) désigne un indice de progrès technique fonction du temps t. Elle peut s'écrire

$$D\log Y = \frac{DY}{Y} = \frac{DA}{A} + \frac{DF}{F}$$

or $DF = \frac{\delta F}{\delta K} DK + \frac{\delta F}{\delta L} DL$ et $F = \frac{Y}{A}$

d'où $\frac{DY}{Y} = \frac{DA}{A} + A\frac{\delta F}{\delta K} \bullet \frac{DK}{Y} + A\frac{\delta F}{\delta L} \bullet \frac{DL}{Y}$ (2)

De (1) on tire

$\frac{\delta Y}{\delta K} = A\frac{\delta F}{\delta K}$ et $\frac{\delta Y}{\delta L} = A\frac{\delta F}{\delta L}$

En substituant dans (2) il vient

---

[38] R. M. Solow. «Technical Change and the Aggregate Production Function ». ***Review of Economics and Statistics,*** Vol. 39, Août 1957.

$$\frac{DY}{Y}=\frac{DA}{A}+\frac{\delta Y}{\delta K}\bullet\frac{DK}{Y}+\frac{\delta Y}{\delta L}\bullet\frac{DL}{L}$$

En multipliant et en divisant les deuxième et troisième termes du second membre par K et L, respectivement, il vient

$$\frac{DY}{Y}=\frac{DA}{A}+\frac{\delta Y}{\delta K}\bullet\frac{K}{Y}\bullet\frac{DK}{K}+\frac{\delta Y}{\delta L}\bullet\frac{L}{Y}\bullet\frac{DL}{L} \qquad (3)$$

$\frac{\delta Y}{\delta K}\bullet\frac{K}{Y}\, et\, \frac{\delta Y}{\delta L}\bullet\frac{L}{Y}$ représentent respectivement l'élasticité du produit par rapport à K et L. D'après le théorème d'Euler, les parts relatives des facteurs sont, à l'équilibre, égales à ces élasticités[39]. (3) peut alors s'écrire

$$\boxed{\frac{DY}{Y}=\frac{DA}{A}+W_K\bullet\frac{DK}{K}+W_L\bullet\frac{DL}{L}} \qquad (4)$$

W_K et W_L désignent respectivement les parts relatives du capital et du travail. DA/A désigne le ***résidu*** du progrès technique, c'est-à-dire la part de la croissance DY/Y qui n'est pas expliquée par les facteurs physiques K et L.

Les travaux qui ont suivi n'ont pas fondamentalement modifié cette méthode résiduelle de mesure du progrès technique. Ils ont surtout eu pour objectif la décomposition du résidu en éléments permettant de mieux en comprendre la nature[40].

V.1.3. Les effets du PT autonome sur la fonction de production : la neutralité du PT

Une des principales implications méthodologiques du résultat (4) établi par Solow, est que les effets du progrès technique se traduisent par une distorsion de la structure de répartition fonctionnelle des

---

[39] $\frac{\omega L}{Y}$ (part relative du travail) est équivalent à $\frac{\delta Y}{\delta L}\bullet\frac{L}{Y}$ (élasticité de Y par rapport à L), si on suppose (théorème d'Euler) que $\frac{\delta Y}{\delta L}$ (productivité marginale du travail) est égal à ω (taux de salaire).

[40] J. Kendrick. ***Productivity Trends in The United States***. Princeton University Press, Princeton, 1961.

E. F. Denison. ***Why Growth Rates Differ***. The Brooking Institution, Washington D. C., 1967 revenus, mesurée soit par le taux de croissance du rapport des parts relatives des facteurs (γ)

$$\gamma = D\log[\omega L/iK] = D\log(\omega L) - D\log(iK),$$

soit par l'élasticité de substitution σ

$$\sigma = \frac{D\log[K/L]}{D\log[\omega/i]} = \frac{[DK/K - DL/L]}{[D\omega/\omega - Di/i]}.$$

Les variables clés dans ces deux indicateurs sont d'une part le taux marginal de substitution technique entre facteurs, et d'autre part la proportion des facteurs dans la combinaison productive.

Le concept de ***neutralité*** sert à mesurer cette distorsion, par référence à la concurrence parfaite. On vérifie en effet que dans ce cas $\gamma = 0$ et $\sigma = 1$:

- Lorsque le coefficient de capital K/Y est fixe (**neutralité au sens de Harrod**) ;

- Lorsque le coefficient de travail L/Y est fixe (**neutralité au sens de Solow**) ;

- Lorsque le rapport K/L est fixe (**neutralité au sens de Hicks**).

Il convient toutefois de bien noter que dans le cas général, le progrès technique augmente l'efficacité de tous les facteurs, mais à des taux différents. Dans ce cas $\gamma \neq 0$ et $\sigma \neq 1$. On dit qu'il est **biaisé**.

La ***déformation*** de la fonction de production par le PT est décrit graphiquement cette distorsion.

Nous verrons tour à tour ces différentes définitions de la neutralité du progrès technique, avant de les décrire graphiquement.

1. Définitions de la neutralité

1.1. La neutralité au sens de Hicks

Le progrès technique est dit neutre au sens de Hicks s'il augmente à la fois l'efficacité du travail et du capital, c'est-à-dire s'il augmente toute la fonction de production. Par conséquent, les variations du taux marginal de substitution entre facteurs (ω/i), donc de γ et σ, ne peuvent être expliquées que par la variation du rapport des quantités de facteurs. Tant que K/L reste constant en unités physiques, le progrès technique est neutre vis-à-vis de la relation entre K/L et le TST, qui reste constant.

Dans ce cas la fonction de production s'écrit

$Y = A(t) F (K, L)$,

ou

$Y = e^{mt}F(K,L)$

ou encore

$Y = F(\overline{K},\overline{L})$

L'écriture par tête est

$y = A(t) f(k)$

ou

$y = f(k)$ en unités efficaces, avec $k = \frac{\overline{K}}{\overline{L}}$

1.2. La neutralité au sens de Harrod

Le progrès technique est dit neutre au sens de Harrod s'il accroît l'efficacité du facteur travail uniquement. Par conséquent, Les variations du taux de profit (égal en concurrence parfaite à la productivité marginale du capital, au taux d'intérêt et à la part relative du capital), donc de γ et σ, ne peuvent s'expliquer que par les variations du coefficient du capital. La relation entre π et le coefficient de capital K/Y reste inchangée, tant que K/Y reste constant. La fonction globale de production s'écrit alors

$Y = F[K, A(t)L]$

ou

$Y = F(K, e^{mt}L)$

ou encore

$Y = f(K,\overline{L})$

L'écriture par tête est

$$\frac{Y}{\ell^{mt}L} = y\ell^{-mt} = f(\frac{K}{\ell^{mt}L})$$

ou

$y = \ell^{mt} f(k\ell^{-mt})$

ou encore

$\bar{y} = f(\bar{k})$

1.3. La neutralité au sens de Solow

Le progrès technique est dit neutre au sens de Solow s'il augmente uniquement l'efficacité du facteur capital. Par conséquent, les variations du taux de salaire ω (égal en concurrence parfaite à la productivité marginale du travail et à la part relative du travail), donc de γ et σ, ne peuvent s'expliquer que par les variations du coefficient de travail. La relation entre ω et le coefficient de travail L/Y reste inchangée, tant que L/Y reste constant. La fonction de production s'écrit

$Y = F[A(t)K, L]$

ou

$Y = F(e^{mt}K, L)$

ou encore

$Y = f(\bar{K}, L)$

L'écriture par tête est

$y = f(\frac{\ell^{mt} K}{L})$

ou

$y = f(k\ell^{mt})$

ou encore

$y = f(\bar{k})$ en unités efficaces

1.4. Le progrès technique biaisé

Il s'agit comme nous l'avons dit, du cas général où le progrès technique, augmentant à la fois le travail et le capital mais à des taux différents, par exemple m et m' respectivement. Les trois cas de neutralité que nous venons de voir apparaissent ainsi comme des cas particuliers de progrès technique biaisé :

- Si $m = m'$ on retrouve le cas de Hicks.
- Si $m = 0$ on retrouve le cas de Solow.
- Si $m' = 0$ on retrouve le cas de Harrod.

Le biais du progrès technique est mesuré par l'écart entre les taux m et m' auxquels il augmente le travail et le capital :

- Si $m > m'$, on dit que le progrès technique biaisé est « labour saving » ou « capital using ». Il économise le travail.Si $m < m'$, il sera dit « capital saving » ou « labour using ». Il économise le capital.

- Si $m = m'$, on retrouve le cas particulier de Hicks.

De façon générale, le biais du progrès technique peut être mesuré comme dans les autres cas de neutralité, par γ ou σ

- Si $\gamma > 0$ le progrès technique est « labour saving » ou « capital using ».
- Ce sera l'inverse si $\gamma < 0$.
- Si $\gamma = 0$ on retrouve le cas particulier de Hicks.
- Si $\sigma =1$, on en déduit En substituant dans γ il vient $\gamma = 0$, ce qui correspond à la neutralité au sens de Hicks.
- On montre de même que si $\sigma >1$, $\gamma < 0$ et le progrès technique est biaisé « capital saving »
- Si enfin $\sigma <1$, $\gamma > 0$ et le progrès technique est biaisé « labour saving ».

2. La description graphique de la neutralité du progrès technique

Le progrès technique se manifeste par une déformation de la fonction de production. Cette propriété permet de décrire graphiquement les trois types de neutralité ci-dessus. On peut en effet les interpréter en termes de déplacement de la fonction de production, déplacement laissant inchangé soit l'intensité capitalistique K/L (neutralité au sens de Hicks), soit le coefficient de capital K/Y (neutralité au sens de Harrod), soit enfin le coefficient de travail L/Y (neutralité au sens de Solow).

Il faut au préalable préciser les principes méthodologiques de cette description graphique :

2.1. Les principes méthodologiques

Il y en a trois :

- L'utilisation d'une fonction de production régulière,
- La diminution dans le temps des quantités nécessaires de facteurs augmentées par le progrès technique,
- La représentation dans le plan des unités physiques de facteurs.

2.1.1. L'utilisation d'une fonction de production régulière

Ce principe est commode pour une visualisation complète de la déformation de la fonction de production par le progrès technique. Avec une fonction Walras-Léontief par exemple, la visualisation n'est complète que pour la neutralité au sens de Hicks (graphique 21a). Elle est partielle dans les autres cas (graphique 21b et 21c).

2.1.2. La diminution dans le temps des quantités nécessaires[41] de facteurs augmentés par le progrès technique

La méthodologie des modèles de croissance avec progrès technique conserve l'hypothèse de rendements d'échelle constants comme dans les modèles d'accumulation simples. Les restrictions imposées à l'indice A(t) de progrès technique, notamment $A(t) > 1$ et $A'(t) > 0$ pour $t > 0$, ne sont compatibles avec cette contrainte méthodologique que si les quantités de facteurs diminuent dans le temps, pour contrebalancer l'effet du progrès technique. Supposons en effet que ces quantités demeurent simplement constantes ; en multipliant K et L par le même nombre λ dans $Y = A(t)\ F\ (K, L)$ par exemple (cas de Hicks), Y sera multiplié par un nombre un nombre supérieur à λ. Ce sera le cas à plus forte raison si K et L sont croissants. Pour être convenable, cette diminution doit se faire au même taux que l'augmentation de l'efficacité des facteurs par le progrès technique.

2.1.3. La représentation dans le plan des unités physiques

La visualisation du déplacement de la fonction de production n'est possible que dans le plan des unités physiques (graphique 22a). Dans le plan des unités efficaces en effet, le progrès technique se manifestera par un déplacement le long de la fonction et non par un déplacement de celle-ci (graphique 22b).

[41] Il est important de comprendre que ce n'est pas l'offre de facteurs qui diminue (l'accumulation se poursuit), mais la demande, laquelle détermine les quantités nécessaires de facteurs ou le taux d'utilisation de ceux-ci.

Graphique 21a : Neutralité au sens de Hicks avec une fonction Walras-Léontief

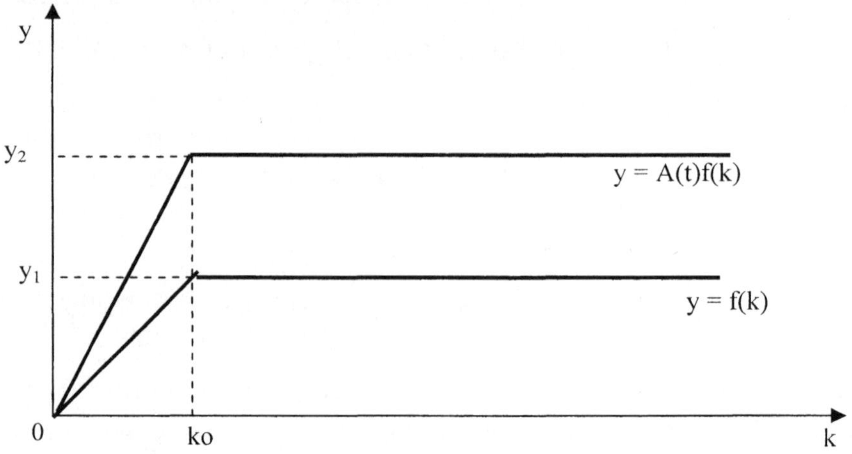

Graphique 21b : Neutralité au sens de Harrod avec une fonction Walras-Léontief

Graphique 21c : Neutralité au sens de Solow avec une fonction Walras-Léontief

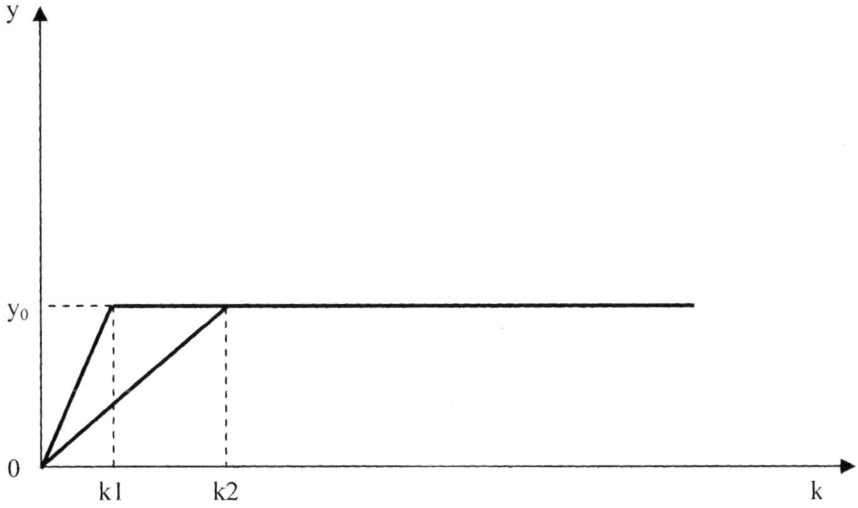

Graphique 22a : Effet du progrès technique dans le plan des unités physiques

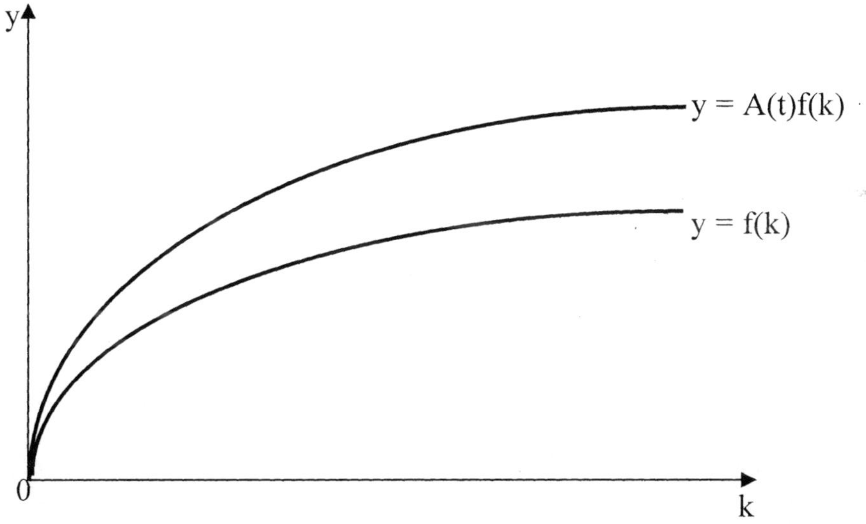

Graphique 22b : Effet du progrès technique dans le plan des unités efficaces

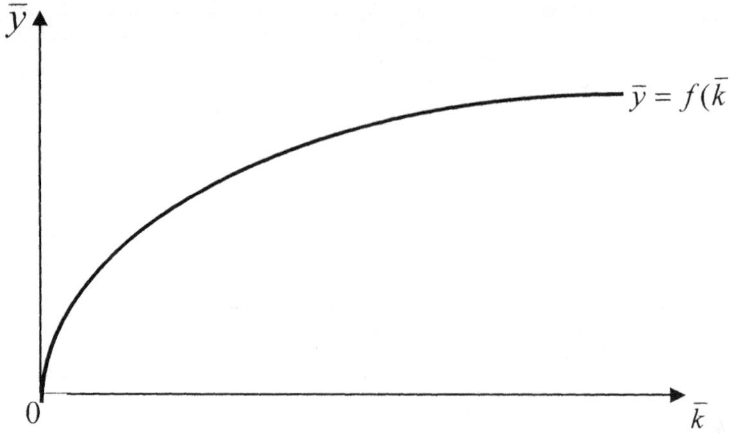

2.2. La description graphique des différents types de neutralité

2.2.1. Le cas de Hicks.

L'on voit immédiatement sur le graphique 23 que par construction, le progrès technique [déplacement de la fonction de production de f(k) à A(t) y(k)] laisse contant le capital par tête ($k = k_0$).

Le TST est également constant. On a en effet en A et B respectivement :

$(TST)_A = i_1/\omega_1$ et $(TST)_B = i_2/\omega_2$

où i et ω désignent respectivement le taux d'intérêt et le taux de salaire, égaux en concurrence parfaite et en vertu du théorème d'Euler, aux productivités marginales du capital et du travail. Or la productivité marginale du travail est définie par $0w_1$ et $0w_2$ en A et B, respectivement, et la productivité marginale du capital par w_1y_1/k et w_2y_2/k[42]. On en déduit

[42] Soit en effet $Y = \omega L + iK$ la relation définissant le théorème d'Euler, où i désigne la productivité marginale du capital et ω la productivité marginale du travail. On peut l'écrire par tête sous la forme $y = \omega + ik$. i est définie graphiquement (graphique 23) en A et B par $w_1y_1 / y_1A = tg\alpha$, et $w_2y_2 / y_2B = tg\beta$, respectivement. Soit encore, en posant $y_1A = y_2B = Ok_0 = k$, w_1y_1 / k et w_2y_2 / k. On peut donc écrire en A, $Oy_1 = \omega + [w_1y_1 / k]\, k = \omega + w_1y_1$ et $\omega = Oy_1 - w_1y_1 = Ow_1$. On a également en B, $Oy_2 = \omega + [w_2y_2/ k]\, k = \omega + w_2y_2$ et $\omega = Oy_2 - w_2y_2 = Ow_2$

$(TST)_A = [w_1y_1/ k] / 0w_1$

et

$(TST)_B = [w_2y_2/k] / 0w_2$

Ces deux expressions sont équivalentes, puisqu'on a graphiquement (règles de similitude des triangles)

$0w_1/0'0 = w_1y_1/y_1A = w_1y_1/k$

et

$0w_2/0'0 = w_2y_2/y_2B = w_2y_2/k$

Soit finalement

$1/0'0 = [w_1y_1/ k] / 0w_1 = [w_2y_2/k] / 0w_2$

ou encore

$\boxed{(TST)_A = (TST)_B = 1/0'0}$

Graphique 23 : Neutralité au sens de Hicks avec une fonction « régulière »

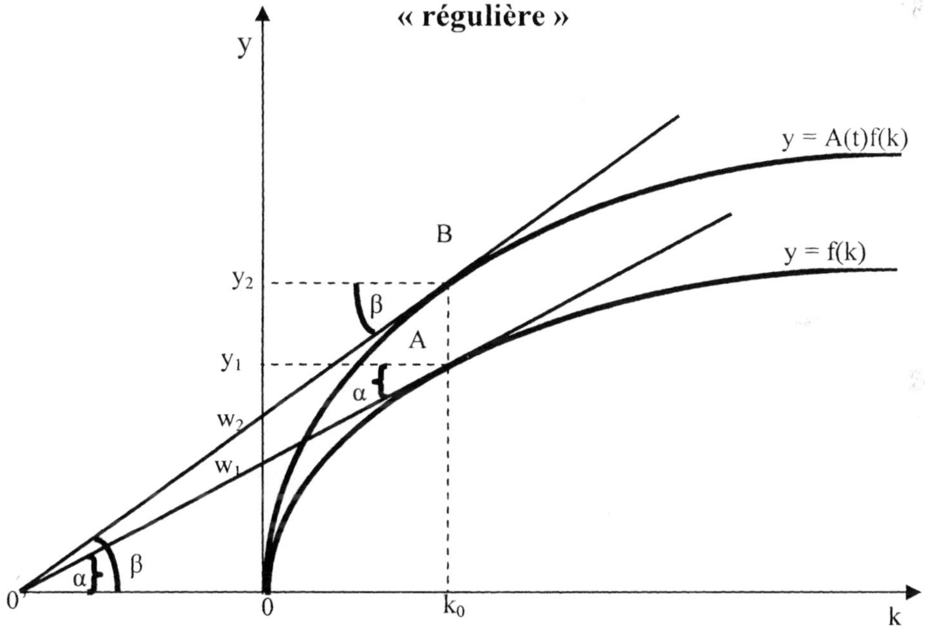

2.2.2. Le cas de Harrod

On vérifie sur le graphique 24 que par construction (homothétie des points A et B par rapport à l'origine 0), le coefficient de capital v = k/y reste constant de même que la productivité marginale du capital (ou le taux de profit en concurrence parfaite). Noter également l'augmentation de k ($k_2 > k_1$), qui exprime la diminution de L dans $k = K/L$.

La constance de v se vérifie immédiatement par l'égalité des rapports définissant l'homothétie des points A et B :

$0k_1/k_1A = 0k_2/k_2B = k/y = v$ (similitude des triangles $0k_1A$ et $0k_2B$)

La constance de i (taux d'intérêt, égal à la productivité marginale du capital et au taux de profit en concurrence parfaite) se vérifie de même :

- soit par l'égalité des rapports $0y_1/y_1A$ et $0y_2/y_2B$ (similitude des triangles $0y_1A$ et $0y_2B$), qui définissent la productivité du capital en A et B comme l'inverse y/k du coefficient de capital v, sachant que dans le cas linéaire la productivité moyenne est égale à la productivité marginale,

- soit par l'égalité des rapports w_1y_1/y_1A et w_2y_2/y_2B (similitude des triangles w_1y_1A et w_2y_2B), qui définissent cette productivité comme les tangentes des angles α et β, c'est-à-dire les dérivées de la fonction de production en A et B, sachant que les tangentes w_1A et w_2B sont parallèles par construction.

Graphique 24 : Neutralité au sens de Harrod avec une fonction « régulière »

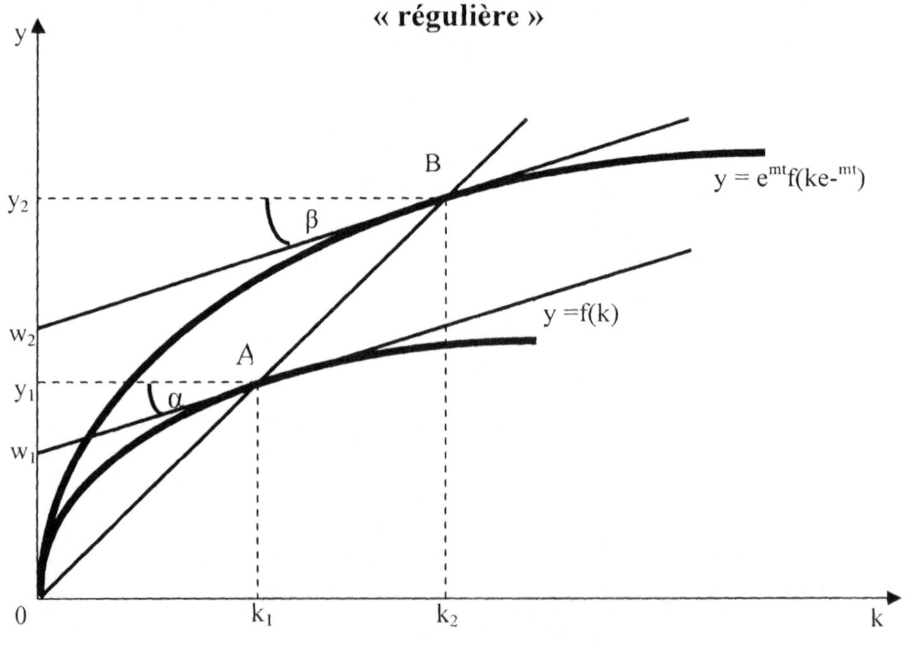

2.2.3. Le cas de Solow

On vérifie immédiatement sur le graphique 25, que y est constant par construction ($y = y_0$). Le coefficient de main-d'œuvre L/Y =1/y est donc également constant. On vérifie de même que la productivité marginale du facteur travail (égal au taux de salaire en concurrence parfaite) est constant par construction ($\omega = 0w$).

Il est important de noter que le capital par tête nécessaire diminue (k2 < k1). Ceci reflète la nécessité de préserver la constance des rendements, le progrès technique augmentant l'efficacité du facteur capital dans la neutralité au sens de Solow (cf supra, principes méthodologiques de représentation graphique de la neutralité du progrès technique).

Graphique 25 : Neutralité au sens de Solow avec une fonction « régulière »

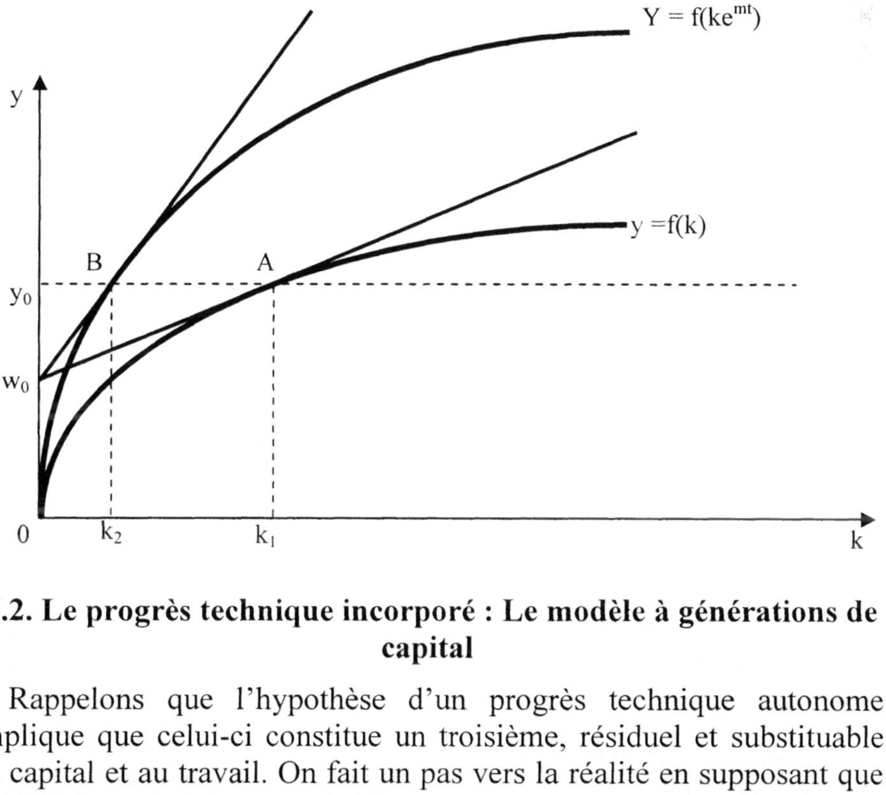

V.2. Le progrès technique incorporé : Le modèle à générations de capital

Rappelons que l'hypothèse d'un progrès technique autonome implique que celui-ci constitue un troisième, résiduel et substituable au capital et au travail. On fait un pas vers la réalité en supposant que le progrès technique est complémentaire des autres facteurs, et ne se manifeste que si un nouvel investissement est réalisé. L'hypothèse d'***hétérogénéité*** du capital remplace celle d'homogénéité, le progrès technique étant « porté » par la ***génération de capital*** la plus récente.

Il est important de bien préciser le principe d'incorporation. Le progrès technique demeure exogène en fait, comme dans le cas autonome, mais n'augmente plus que l'efficacité de la dernière génération de capital. La fonction de production s'écrit donc, pour une génération τ et un progrès technique neutre au sens de Solow,

$$Y_\tau = F_\tau(\overline{K}_\tau, L_\tau)$$

avec

$$\overline{K}_\tau = \ell^{mt} K_\tau$$

où K_τ désigne l'ensemble des machines mises en service à l'instant τ, ou encore les machines de la génération τ. Avec cette nouvelle notation, $K_{\tau t}$ désignerait l'ensemble des machines de la génération τ encore en service en t.

On en déduit par intégration la fonction globale en t (pour tout $t > \tau$) :

$$Y_t = \int_{-\infty}^{t} F_\tau(\overline{K}_\tau, L_\tau)d\tau$$

Afin de nous familiariser avec la technologie des modèles à progrès technique incorporé, nous en examinons ***les hypothèses et le fonctionnement du modèle d'une économie à générations de capital***[43].

V.2.1. Les hypothèses du modèle

1. La double neutralité du progrès technique

Le progrès technique doit être neutre au sens de Solow pour être incorporé au capital (augmentation de l'efficacité de la dernière génération de capital). Il doit ensuite être neutre au sens de Harrod, pour être compatible avec une croissance équilibrée à taux constant. (diminution du coefficient de travail, facteur augmenté par le progrès technique).

---

[43] R. M. Solow. « Investment and Technical Progress », in Arrow, Karlin and Suppes (Eds). ***Mathematical Methods in Social Sciences***. Stanford University Press, 1960

La fonction Cobb-Douglas est commode pour exprimer cette double neutralité, du fait de sa forme multiplicative et associative. La Cobb-Douglas à rendements constants peut en effet s'écrire de manière équivalente sous les formes (1) et (2) ci-dessous, pour une génération (τ) de capital et un progrès technique au taux m :

$$Y_\tau = K_\tau^\alpha (\ell^{mt} \bullet L_\tau)^{1-\alpha} \qquad (1) \text{ (neutralité au sens de Harrod).}$$

ou

$$Y_\tau = \left(\ell^{\frac{\{m(1-\alpha)\}\tau}{\alpha}} K_\tau \right)^\alpha \bullet L_\tau^{1-\alpha} \qquad (2) \text{ (neutralité au sens de Solow)}$$

Soit

$$\boxed{Y_\tau = \ell^{m'\alpha\tau} K_\tau^\alpha L_\tau^{1-\alpha}}$$

avec

$$m\left(\frac{1-\alpha}{\alpha}\right) = m'$$

2. L'ajustement du stock de capital

L'obsolescence constitue le mécanisme central d'ajustement dans une économie à générations de capital, à travers le ***déclassement*** des équipements obsolètes. La ***variable d'ajustement*** est donc la durée de vie économique (T) des équipements. T est d'autant plus court que l'obsolescence est forte, et que les équipements sont plus rapidement déclassés. La variation de T permet d'ajuster le stock de capital nécessaire (ici le nombre de générations de capital en service) au niveau d'équilibre, compte tenu de l'augmentation de l'efficacité de la dernière génération par le progrès technique. T est donc constant à l'équilibre (de même que v est constant à l'équilibre dans le modèle néo-classique).

Ce mécanisme d'ajustement repose sur une hypothèse simplificatrice, excluant l'usure physique : les équipements ont une ***durée de vie économique finie***, et une ***durée de vie physique infinie***. Cette hypothèse est commode pour garantir la disponibilité des ***réserves de capacités*** lorsque les conditions de demande justifient la remise en service de générations d'équipements déclassées. Il convient à cet égard de distinguer le déclassement (qui est ***réversible***) de la ***mise au rebut*** (qui est ***irréversible***). Un corollaire découle de ce mécanisme d'ajustement : Le taux d'épargne (s) est constant à l'équilibre. T est en effet déterminé par s, à travers la condition de flux I = S = sY. Plus le taux d'épargne est élevé, plus le rythme d'investissement est élevé, et plus l'obsolescence est forte. On peut donc écrire

$I_t = sY_t = S$

quelque soit t sur le sentier d'équilibre.

3. L'efficacité du capital nouveau est croissante, mais sa productivité physique (σ) est constante.

Le produit par tête est plus élevé sur les équipements récents (effet du progrès technique), mais il reste constant pour une génération de capital donnée. L'exogénéité du progrès technique incorporé implique en effet la constance de la productivité physique (σ) du capital nouveau. Ceci permet d'écrire, pour tout $\tau \geq t$,

$\Delta Y_\tau = \sigma I_\tau = cte$ (accroissement de capacité résultant d'un investissement I_τ)

et

$$y_\tau = y_0 \ell^{a\tau} = \frac{1}{u_0} \ell^{a\tau} = cte \text{ (croissance du produit par tête)}$$

où a est le taux de croissance du produit par tête y d'une génération de capital à l'autre, et

$y_0 = 1/u_0 = L_0/Y_0$ la condition initiale.

On en déduit l'emploi nécessaire à l'utilisation d'une capacité $Y\tau$, soi

$$L_\tau = \frac{Y_\tau}{y_\tau} = u_\tau \bullet y_\tau = \sigma \bullet u_0 \ell^{-a\tau} \bullet I_\tau$$

4. Une génération de capital donnée est associée de manière rigide à la main-d'œuvre correspondante, sans possibilité d'adaptation à un progrès technique ultérieur

Le progrès technique est « figée » dans les structures de production, mais le travail reste homogène et donc susceptible de s'adapter à une génération de capital ultérieure. Il y a donc possibilité de substitution entre le capital et le travail, grâce à la ***malléabilité du travail***. Différentes hypothèses de combinaison L/K sont ainsi possibles, sans conséquence sur l'existence d'une solution de croissance équilibrée à taux constant (cf infra modèles de croissance à générations de capital) : substituabilité avant et après l'installation de l'équipement (modèle putty-putty) complémentarité avant et après l'installation (modèle clay-clay), substituabilité avant et complémentarité après l'installation (modèle putty-clay).

V.2.2. Le fonctionnement du modèle

Sur la base des hypothèses précédentes, Solow pose le problème de fonctionnement suivant : ***comment affecter un volume d'emploi donné aux différentes générations de capital*** ? Il envisage trois cas : celui d'une économie collectiviste, celui d'une économie capitaliste contemporaine, et le cas théorique de concurrence parfaite. Nous nous limiterons à ce dernier cas. Nous verrons d'abord le critère d'affectation de l'emploi, avant d'en donner une description graphique.

1. Le critère d'affectation de l'emploi

Le critère d'affectation rationnelle est évidemment le taux de salaire (ω); il faut que celui-ci soit égal à la productivité par tête sur la génération de capital ***la plus ancienne en service***. Soit T l'âge de cette génération ; on doit avoir, pour tout t,

$$\omega_t = y_{t-T} = \frac{1}{u_0} e^{a(t-T)}$$

Si, en effet, l'on avait $\omega_t \prec y_{t-T}$, cela signifierait que l'économie supporte un manque à gagner (productivité supérieure au coût), et qu'elle pourrait mettre une génération supplémentaire d'équipement en service, plus ancienne que (t-T). Dans le cas contraire ($\omega_t \succ y_{t-T}$), l'économie produit à perte sur la génération (t-T), et celle-ci devrait être déclassée (mise en réserve). L'affectation de l'emploi aux différentes générations de capital s'effectuera ainsi automatiquement selon ce critère, jusqu'à ce que le taux de salaire soit égal à la productivité par tête sur la génération la plus ancienne en service ($\omega_t = y_{t-T}$).

2. La description graphique

Le graphique 26 comporte des rectangles[44] dont les bases décrivent en abscisse l'emploi nécessaire (L) sur les générations de capital correspondantes à un instant t, rangées de L_t à L_{t-T} en partant de l'origine des axes, et dont les hauteurs (y) représentent en ordonnée la productivité par tête sur les générations correspondantes. La largeur des rectangles est fonction de l'investissement réalisé dans la période considérée. La droite Nt représente l'offre exogène de travail en t. La capacité productive d'une génération τ est donc donnée par la surface du rectangle correspondant, soit :

$$y_\tau \text{ x } L_\tau = (\sigma \bullet u_0 \ell^{-a\tau} \bullet I_\tau) x (\frac{1}{u_0} \ell^{a\tau}) = \sigma I_\tau$$

Graphique 26 : L'affectation de l'emploi dans le modèle à générations de capital

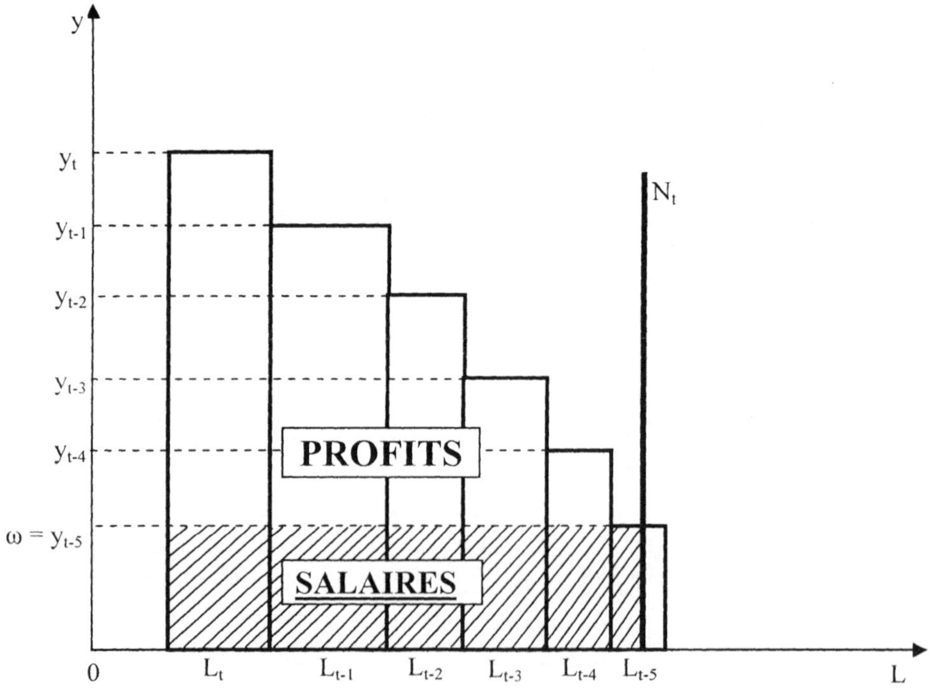

[44] Noter qu'en temps continu, nous aurions plutôt une courbe décroissante

Dans l'hypothèse de concurrence parfaite retenue ici, N_t coïncide avec l'emploi total nécessaire, et détermine par ses déplacements vers la gauche ou vers la droite, la génération la plus ancienne pouvant être maintenue en service (ici la génération t-5) et donc le taux de salaire, compte tenu de la productivité par tête. L'aire sous les rectangles à gauche de N_t représente le produit global (ou la capacité globale à l'équilibre) correspondant à ce volume d'emploi. La hauteur $y_{t-5} = \omega$ détermine à chaque instant la répartition de ce produit entre salaires (aire hachurée) et profits.

V.3. Le progrès technique induit

V.3.1. Les hypothèses

a. Substituabilité ou complémentarité entre le progrès technique et les facteurs physiques de production ;

b. Homogénéité ou hétérogénéité des facteurs ;

c. Endogénéité du progrès technique (autonome ou incorporé).

C'est cette dernière hypothèse qui distingue le progrès technique induit. Celui-ci n'est plus seulement cause mais aussi effet de la croissance. Il s'apparente à l'apprentissage par la pratique (Learning by doing), et peut résulter d'une politique de recherche-développement visant à déterminer le taux de progrès technique qui maximise le taux de croissance du produit[45].

La fonction de progrès technique de Kaldor définit le progrès technique induit comme une relation entre les taux de croissance du produit (y) et du capital (k) par tête[46]. L'auteur part de l'idée que l'utilisation de la fonction de production néo-classique pour décrire les effets du progrès technique (cf supra graphique 22), revient à dissocier le trend de progrès technique de celui d'accumulation du capital, alors que les deux sont interdépendants dans l'explication de la croissance. La fonction s'écrit :

---

[45] E. M. Drandakis and Edmund S. Phelps. "A Model of Induced Invention, Growth, and Distribution". ***Economic Journal***, Vol 76, 1966, pp. 823-40.

[46] N. Kaldor, "A Model of Economic Growth". ***Economic Journal***, Vol 67, 1957
N. Kaldor and J. A. Mirrlees. "A New Model of Economic Growth". ***Review of Economic Studies***, Vol 29 1962, pp. 174-90.

$$\frac{dy}{dt} \bullet \frac{1}{y} = f\left(\frac{dk}{dt} \bullet \frac{1}{k}\right)$$

Elle est soumise aux restrictions suivantes :

$$f > 0, \quad f < 0$$

$$f \rightarrow 0 \text{ quand } \frac{dk}{dt} \rightarrow \infty$$

et

$$f(0) > 0$$

Les deux premières restrictions traduisent la loi des rendements décroissants appliquée au progrès technique. On suppose qu'à tout moment il existe un ensemble d'innovations disponibles (un « pool » de techniques) n'ayant pas la même rentabilité. Les moins rentables sont tenues en réserve, et mises en service lorsque leur prix est égalé par celui de la technique en usage. La troisième restriction traduit le caractère autonome du progrès technique. La productivité croît, même en l'absence de nouveaux investissements.

Graphique 27 : La fonction de progrès technique

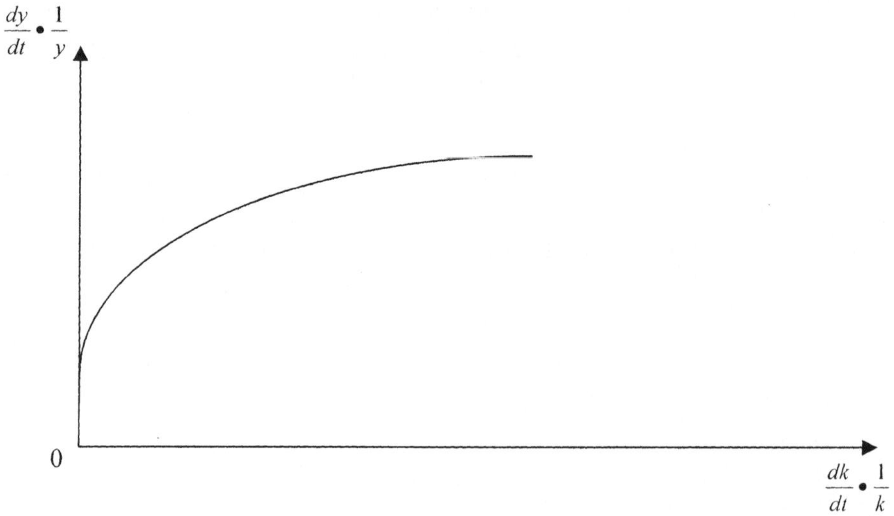

La fonction de progrès technique de Kaldor peut être considérée comme une généralisation de la fonction Cobb-Douglas à rendements constants, avec un progrès technique neutre au sens de Harrod au taux m. Dans ce cas en effet, la fonction globale est

$$Y = K^{\alpha}(L\ell^{mt})^{1-\alpha}$$

Ou

$$Y = \ell^{m(1-\alpha)t}K^{\alpha}L^{1-\alpha}$$

et

$$y = \frac{Y}{L} = \ell^{m(1-\alpha)t}k^{\alpha}$$

Soit encore

$$Logy = m(1-\alpha)t + \alpha Logk$$

Et

$$D\log y = \frac{Dy}{y} = \alpha\frac{Dk}{k} + m(1-\alpha)$$

On voit ainsi que la principale propriété de la fonction de progrès technique, qui la distingue des autres relations entre Dy/y et Dk/k, est d'être indépendante de la productivité physique du capital par tête y/k, et de dépendre uniquement de Dk/k.

V.4. L'introduction du Progrès technique dans les modèles de croissance

V.4.1. Le cas du PT autonome

La démarche pour la résolution des modèles de croissance avec progrès technique est la même que dans les modèles de base, à deux principes méthodologiques près :

- Il faut à présent prendre en compte le taux m de croissance du progrès technique dans la définition du taux de croissance naturel μ, que nous avions provisoirement réduit au taux n de croissance de la population.
- La condition de croissance équilibrée à taux constant s/v = n est donc remplacée par s/v = m + n = μ. On en déduit $\mu > n$.
- La croissance « d'âge d'or » se définit donc à présent comme l'état dans lequel les facteurs autres que L croissent au taux naturel μ, supérieur au taux de croissance du travail.
- Comme corollaire à ce qui précède, il faut travailler avec un **PT neutre au sens de Harrod, seul compatible avec la croissance**

équilibrée à taux constant. Ceci permet de préserver les principales propriétés du modèle, notamment la croissance de toutes les variables au même taux constant, et la constance du niveau de vie sur le sentier de croissance équilibrée à taux constant (y = Y/L = y_0).

- **Toutes les variables croissent au même taux constant**

- **Avec un PT neutre au sens de Harrod**, le progrès technique augmente l'efficacité du facteur travail. La condition de pleine capacité s'écrit donc en **unités physiques** : $K = vY$, et la condition de plein emploi en **unités efficaces** $\overline{L} = L\ell^{mt} = uY$. Comme à l'équilibre v et u sont constants quelle que soit le modèle retenue (néo-keynésien ou néo- classique). On en déduit :

  $$DK/K = 0 + DY/Y.$$

  et

  $$D\overline{L}/\overline{L} = DL/L + m = m + n = \mu = 0 + DY/Y$$

Ceci est compatible avec la croissance équilibrée à taux constant, puisqu'en unités efficaces L croît au taux μ = m+n, égal au taux de croissance des autres variables.

- **Avec un PT neutre au sens de Solow**, on aura au contraire

$$\overline{K} = K\ell^{mt} = vY$$

$$L = uY$$

On en déduit :

$$D\overline{K}/\overline{K} = DK/K + m = \mu + m = 0 + DY/Y$$

Et

$$DL/L = n = 0 + DY/Y = \mu = m + n$$

ce qui est incompatible avec la croissance équilibrée à taux constant, puisque cela signifie que DK/K < DY/Y et que n = m+n.

- Le niveau de vie est constant sur le sentier de croissance équilibrée à taux constant.

- **Avec un PT neutre au sens de Harrod,** on a en effet $\overline{y} = \frac{Y}{\overline{L}} = \frac{Y}{L\ell^{mt}}$ soit $\frac{D\overline{y}}{\overline{y}} = DY/Y - (DL/L + m) = m + n - n - m = 0$

Ceci est compatible avec la croissance équilibrée à taux constant, dans laquelle les variables par tête sont constantes (rendements constants).

- Avec un PT neutre au sens de Solow, on a au contraire

$$y = \frac{Y}{L}$$

Soit

$$Dy / y = DY / Y - DL / L = \mu - n = m$$

ce qui n'est pas compatible avec la croissance équilibrée à taux constant.

V.4.2. Le cas du PT incorporé au capital : les modèles à générations de capital

Selon une terminologie due à Phelps, l'on distingue trois types de modèles à croissance à générations de capital[47] :

- Le modèle « clay-clay », dans lequel le travail et le capital sont complémentaires
- Le modèle « putty-putty », dans lequel le travail et le capital sont substituables,
- Le modèle « putty-clay », dans lesquels le travail et le capital sont substituables avant et complémentaires après l'installation des équipements.

Cette terminologie renvoie à un langage imagé qui évoque la malléabilité du mastic (putty), et la rigidité de la glaise (clay).

1. Le modèle « clay-clay »

1.1. Les hypothèses

1.1. L'on suppose que les équipements ont une durée de vie physique illimitée, mais peuvent devenir obsolètes ;

1.2. Les équipements obsolètes sont déclassés. Ils sont alors être mis en réserve (ou cédés à un sous traitant), mais non envoyés au rebut ;

---

[47] Pour l'étude originale, voir R. M. Solow, J. Tobin, C. C. Von Weiszacker and M. E. Yaari. « Neoclassical Growth with Fixed Factor Proportions", Review of Economic Studies, Vol 33, avril 1966, pp. 79-116

1.3. Les équipements sont utilisés par ordre croissant d'âge (des plus productives aux moins productives) ;

1.4. Le nombre de générations de capital en service à un moment t (ou l'âge T de la génération la plus ancienne encore en service en t), C'est-à-dire le taux d'utilisation des équipements, est fonction de la demande (anticipée) sur le marché. **Par conséquent, il n'y a pas de condition de pleine capacité sur le marché des produits.** Ceci illustre le caractère keynésien du modèle. L'on aura ainsi en t

$$K_t = \int_{t-T}^{t} K_\tau d\tau$$

τ étant une variable d'intégration.

1.2. Les équations du modèle

1.2.1. La condition de flux

$$K_t = sY$$

$K_t = I$ désignant le nombre de machines installées en t.

1.2.2. Condition de plein emploi

$$L = L_0 \ell^{nt}$$

avec

$$L = \frac{u}{v} \int_{t-T}^{t} K_\tau \ell^{-m\tau} d\tau$$

puisque

$$\frac{L_\tau \ell^{m\tau}}{u} = Y_\tau = \frac{K_\tau}{v}$$

(coefficients fixes et PT neutre au sens de Harrod).

1.3. Les propriété du modèle

Le modèle « clay-clay » possède deux propriétés essentielles :

- La croissance équilibrée à taux constant existe quel que soit t,.
- Elle est stable, et le mécanisme d'ajustement repose sur les réserves de capacité.

1.3.1. Existence de l'équilibre

- Pour établir l'existence de l'équilibre, supposons que K_t croisse au taux μ, et montrons que μ = m + n. On peut écrire

  $$K_t = K_0 \ell^{\mu t}$$

  Pour une génération t donnée, on peut écrire

  $$K_\tau = K_0 \ell^{\mu \tau}$$

  En substituant ceci dans L on a

  $$DL = \frac{u}{v} K_0 \left\{ \ell^{(\mu-m)t} - \ell^{(\mu-m)(t-T)} \right\}$$

  ou encore

  $$DL = \frac{u}{v} K_0 \ell^{(\mu-m)t} \left\{ 1 - \ell^{-(\mu-m)T} \right\}$$

  De la condition de plein emploi, on peut déduire

  $$DL = nL_0 \ell^{nt}$$

  En éliminant DL dans les deux expressions il vient,

  $$\frac{u}{v} K_0 \ell^{(\mu-m)t} \left\{ 1 - \ell^{-(\mu-m)T} \right\} = nL_0 \ell^{nt}$$

  Soit encore

  $$LogK_0 + Log\left\{\frac{u}{v}\right\} + Log\left\{ 1 - \ell^{(\mu-m)T} \right\} + (\mu - m)tLog\ell = Logn + LogL_0 + ntLog\ell$$

Ou en différentiant,

μ = m + n

1.3.2. La stabilité de l'équilibre

L'ajustement se fait automatiquement par la variation de T (variation d'ajustement), en réponse à une variation de la demande, selon le processus d'accélération suivant :

1. Une hausse (anticipée) de la demande entraîne

2. Une hausse de l'investissement. Comme l'investissement est porteur d'innovation dans l'hypothèse d'incorporation, il en résulte

3. Une accélération du rythme d'obsolescence, c'est-à-dire une réduction de T. Ceci équivaut à une compression du stock physique de capital, par déclassement des équipements obsolètes, qui compense l'accroissement des unités efficaces pour produire des rendements constants, et donc une croissance équilibrée à taux constants.

Un raisonnement symétrique peut être fait dans le cas d'une baisse anticipée de la demande.

Ce processus d'ajustement repose clairement sur l'existence de capacités excédentaires. Mais il s'agit ici de **réserves de capacité**, traduisant l'ajustement du taux d'utilisation des capacités productives non pas au niveau de pleine capacité mais au niveau nécessaire pour satisfaire la demande (anticipée) sur le marché.

De fait, on montre que dans le modèle « clay-clay », la croissance à taux constant n'est formellement définie que pour $G_\omega > \mu$, inégalité qui exprime la tendance récessive chronique avec excès de capacité (cf supra, modèle de Harrod).

Soit en effet

$$Y = \frac{K_t}{s}$$

la condition de flux, et

$$Y_\tau = \frac{K_\tau}{v}$$

la définition du coefficient fixe de capital. On peut écrire

$$Y = \frac{1}{v}\int_{t-T}^{t} K_\tau d\tau$$

En éliminant Y on obtient

$$K_t = \frac{s}{v}\int_{t-T}^{t} K_\tau d_\tau$$

En différentiant on a

$$DK_t = \frac{s}{v}(K_t - K_{t-T})$$

Comme à l'équilibre on a

$$K_t = K_0 \ell^{\mu t}$$

on a aussi

$$DK_t = \mu K_0 \ell^{\mu t}$$

En remplaçant K_t par sa valeur et en éliminant DK_t il vient

$$\mu K_0 \ell^{\mu T} = \frac{s}{v} K_0 \ell^{\mu t} (1 - \ell^{-\mu T})$$

et

$$\mu \frac{v}{s} = 1 - \ell^{-\mu T}$$

Comme à l'équilibre $v/s = 1/G_\omega$, la condition d'équilibre ci-dessus s'écrit aussi

$$\ell^{-\mu T} = 1 - \frac{\mu}{G_\varpi}$$

ou

$$-\mu T Log \ell = Log\left(\frac{G_\varpi - \mu}{G_\varpi}\right)$$

En prenant le cologarithme, on a

$$\mu T = Log\left(\frac{G_\varpi}{G_\varpi - \mu}\right)$$

et

$$\boxed{T = \frac{1}{\mu} Log\left(\frac{G_\varpi}{G_\varpi - \mu}\right)}$$

Comme T est positif, cette condition de croissance équilibrée à taux constant n'est définie que pour $G_\omega > \mu$

2. Le modèle « putty-putty »

2.1. Les hypothèses du modèle

1.1. On suppose toujours que les équipements ont une durée de vie infinie. Mais on suppose aussi, à présent, que les machines ne sont jamais mises en réserve, mais de moins en moins en moins utilisées au fur et à mesure qu'elles vieillissent.

Cette dernière simplification permet de réaliser la pleine capacité sur le marché des produits. Le stock de capital inclut les machines de toutes générations, si bien qu'on a maintenant

$$K = \int_{-\infty}^{t} K_\tau d_\tau$$

1.2. On suppose que les facteurs sont substituables, et que les marchés sont toujours en équilibre.

2.2. Les équations du modèle

2.1. La pleine capacité s'exprime par une fonction Cobb-Douglas à rendements constants, avec un progrès technique doublement neutre (Cf supra, les modèles à générations de capital, pour l'hypothèse de double neutralité), au sens de Harrod et de Solow. Soit

$$Y = \overline{K}^{\alpha} L^{1-\beta} \text{....................(1)}$$

avec

$$\overline{K} = \ell^{m't} K$$

et

$$m' = m\left(\frac{1-\alpha}{\alpha}\right)$$

2.2. La condition de flux (I=S)

Pour une génération τ donnée, on peut écrire

$$\overline{K}_\tau = K_\tau \ell^{m't}$$

ou

$$\overline{K} = \int_{-\infty}^{t} K_\tau \ell^{m'\tau} d\tau$$

Puisque les équipements de toutes générations sont désormais en service quel que soit t. On en déduit

$$D\overline{K} = \overline{K}_t = K_\tau \ell^{m't} = I \bullet \ell^{m't}$$

ou

$$D\overline{K} = \ell^{m't} sY \text{....................(2)}$$

2.3. Condition de plein emploi

$$L = L_0 \ell^{nt}$$

ou

$$\overline{L} = L_0 \ell^{\mu t} \text{.......................}(3)$$

2.3. Résolution du modèle

En substituant (1) et (3) dans (2), l'équation différentielle du modèle s'écrit

$$D\overline{K} = \frac{d\overline{K}}{dt} = s\ell^{m't}\overline{K}^{\alpha} L_0^{1-\alpha} \ell^{n(1-\alpha)t}$$

ou

$$\int \overline{K}^{-\alpha} d\overline{K} = sL_0^{1-\alpha} \int \ell^{\{m'+n(1-\alpha)\}t} dt$$

soit

$$\frac{1}{1-\alpha}\overline{K}^{1-\alpha} = \frac{sL_0^{1-\alpha}}{m' + n(1-\alpha)} \ell^{\{m'+n(1-\alpha)\}t} + C$$

ou

$$\overline{K}^{1-\alpha} = \frac{sL_0^{1-\alpha}}{(m'/1-\alpha)+n} \ell^{\{m'+n(1-\alpha)\}t} + C(1-\alpha)$$

Pour t = 0, on a

$$C(1-\alpha) = \overline{K}_0^{1-\alpha} - \frac{sL_0^{1-\alpha}}{(m'/1-\alpha)+n}$$

et

$$\overline{K}^{1-\alpha} = \frac{sL_0^{1-\alpha}}{(m'/1-\alpha)+n} \ell^{\{m'+n(1-\alpha)\}t} + \overline{K}_0^{1-\alpha} - \frac{sL_0^{1-\alpha}}{(m'/1-\alpha)+n}$$

ou

$$\overline{K}^{1-\alpha} = \frac{sL_0^{1-\alpha}}{(m'/1-\alpha)+n}\left(\ell^{\{m'+n(1-\alpha)\}t} - 1\right) + \overline{K}_0^{1-\alpha}$$

n divisant les exposants par (1-α) et en remplaçant $\overline{K}$ par $K\ell^{m't}$, il vient

$$K = \left\{ \frac{sL_0^{\,1-\alpha}}{(m'/1-\alpha)+n} \left(\ell^{\{m'+n(1-\alpha)\}t} - 1 \right) + \overline{K}_0^{\,1-\alpha} \right\}^{\frac{1}{1-\alpha}} \bullet \ell^{-m't}$$

On détermine le sentier d'équilibre de K en utilisant la propriété de stabilité du modèle, c'est-à-dire en cherchant le sentier limite de K lorsque t tend vers l'infini. Le terme entre crochet tend alors vers

$$\frac{sL_0^{\,1-\alpha}}{(m'/1-\alpha)+n} \ell^{\{m'+n(1-\alpha)\}t}$$

et K tend vers

$$\left\{ \frac{s}{(m'/1-\alpha)+n} \right\}^{1/1-\alpha} \bullet L_0 \ell^{\{(m'/1-\alpha)+n\}t} \bullet \ell^{-m't}$$

A l'équilibre on a

$\mu = m + n$, ou $n = \mu - m = \mu - m'\alpha/(1-\alpha)$, puisque

$$m' = m\left(\frac{1-\alpha}{\alpha} \right)$$

On en déduit

$$m'/1-\alpha)+n = m'/(1-\alpha)+\mu-m'\alpha/(1-\alpha) = m'/(1-\alpha)\bullet(1-\alpha)+\mu = \mu+m'$$

En substituant dans (4), il vient

$$K = \left(\frac{s}{\mu+m'} \right)^{\frac{1}{1-\alpha}} \bullet L_0 \ell^{(\mu+m')t} \bullet \ell^{-m't}$$

ou, en simplifiant,

$$K = \left(\frac{s}{\mu+m'} \right)^{\frac{1}{1-\alpha}} \bullet L_0 \ell^{ut}$$

ou encore, puisque

$$K_0 = \left(\frac{s}{\mu+m'} \right)^{\frac{1}{1-\alpha}} \bullet L_0$$

$$\boxed{K = K_0 \ell^{\mu t}}$$

On en déduit le sentier de Y en substituant K dans la condition de pleine capacité

$$Y = \overline{K}^{\alpha} L^{1-\alpha}$$

Soit

$$Y = \left\{ \left(\frac{s}{\mu + m'} \right)^{\frac{1}{1-\alpha}} \bullet L_0 \ell^{ut} \bullet \ell^{m't} \right\}^{\alpha} L^{1-\alpha}$$

ou

$$Y = \left(\frac{s}{\mu + m'} \right)^{\frac{\alpha}{1-\alpha}} \bullet L_0{}^{\alpha} \ell^{(u+m')\alpha t} L_0{}^{1-\alpha} \ell^{n(1-\alpha)t}$$

et

$$Y = \left(\frac{s}{\mu + m'} \right)^{\frac{\alpha}{1-\alpha}} \bullet L_0 \ell^{\{\alpha(\mu+m')+n(1-\alpha)\}t}$$

Comme

α(μ+m') + n(1-α) = αμ + αm(1- α)/ α + n(1- α)

= αm + αn + m – αm + n - n α = m + n =μ

On peut aussi écrire

$$Y = \left(\frac{s}{\mu + m'} \right)^{\frac{\alpha}{1-\alpha}} \bullet L_0 \ell^{\mu t}$$

et

$$Y = Y_0 \ell^{\mu t}$$

avec

$$Y_0 = \left(\frac{s}{\mu + m'} \right)^{\frac{\alpha}{1-\alpha}} \bullet L_0$$

3. Le modèle « putty-clay »

Ce dernier modèle est une généralisation de l'hypothèse d'incorporation du progrès technique, comparé aux deux précédents modèles où chaque génération de capital est soit adaptable de façon continue à la main-d'œuvre dans le temps (putty-putty), soit associée de façon rigide à une proportion fixe de travail (clay-clay).

L'hypothèse putty-clay constitue un pas vers la réalité, où les choix techniques sont ouverts lors de la conception des équipements, mais fermés dès que ceux-ci sont construits[48]. Nous voyons successivement la fonction de production du modèle, et la durée de vie optimale des équipements.

3.1. La fonction de production du modèle

Elle doit refléter la particularité du modèle clay-clay. En plus de la double neutralité du progrès technique[49], elle doit aussi posséder les propriétés de substituabilité ex ante et de complémentarité ex post.

La fonction CES répond, de par sa structure même, à cette double exigence méthodologique. Son élasticité de substitution **σ** peut prendre différentes valeurs y compris 0 (fixité des coefficients) et 1 (substituabilité). En outre les facteurs de production ne peuvent être augmentés (par le progrès technique) que séparément, sans possibilité de conversion des formes d'augmentation comme dans la Cobb-Douglas[50]. Le choix de la Cobb-Douglas dans les modèles précédents est une simple question de commodité mathématique.

Pour spécifier la fonction CES du modèle, on peut ainsi combiner une CES globale pour refléter la flexibilité de l'économie ex ante, avant que les choix technologiques soient fermés, avec une fonction Leontief pour refléter les proportions fixes qui caractérisent ex post la production sur les générations de capital déjà installées.

Soit

$$Y_t^* = \gamma\left[AI_t^{-\rho} + B(\ell^{\mu t}L_t^*)^{-\rho}\right]^{-1/\rho}$$

et

$$Y_{\tau t} = \min(\frac{K_{\tau t}}{v_\tau}, \frac{L_{\tau t}}{u_\tau})$$

---

[48] Pour l'article original voir: Christopher Bliss, « On Putty-Clay ». ***Review of Economic Studies***, Vol 35, Avril 1968, pp. 173-80.

[49] On se souvient que dans les modèles à générations de capital, le progrès technique doit être neutre à la fois au sens de Solow pour augmenter la dernière génération de capital, et au sens de Harrod pour être compatible avec la croissance équilibrée à taux constant.

[50] James H. Gapinski, ***Macrodynamic Theory. Statics, Dynamics, and Policy.*** McGraw-Hill, 1982, Chapitre 10, pp 286-324.

où

- Y_t^* et L_t^* désignent les niveaux désirés de produit et de travail, que les entrepreneurs projettent dans leurs choix technologiques, à réaliser au moyen de I_t unités de capital.
- μ le taux de croissance du progrès technique incorporé au capital et augmentant le travail, égal à m + n.
- ρ un paramètre de substitution ex ante, qui définit l'élasticité de substitution σ égale à 1/(1+ σ), avec $-1 < \rho < \infty$, et $0 < \sigma < \infty$.
- A et B des paramètres de répartition, avec A + B = 1 (rendements constants).
- γ un paramètre de dimension satisfaisant la condition $0 < \gamma < \infty$.
- $Y_{\tau t}$ le produit obtenu sur la génération de capital τ en t.

$K_{\tau t}$ le nombre de générations de capital en service en t, avec $\tau < t$., c'est-à-dire qu'une génération de capital n'est pas mise en service dans l'année de sa construction.

- v et u sont les coefficients fixes de capital et de travail associés à la génération τ.

En combinant ces deux formes de fonctions, on peut écrire à l'équilibre ex post, pour τ donné,

$$Y_{\tau t} = \gamma\left[AK_{\tau t}^{-\rho} + B(\ell^{\mu\tau} L_{\tau t})^{-\rho}\right]^{-1/\rho}$$

avec v < t.

Avec une dépréciation du capital physique au taux exponentiel δ, on peut aussi écrire

$$K_{\tau t} = I_\tau \ell^{-\delta(t-\tau)}$$

$$L_{\tau t} = L_\tau^* \ell^{-\delta(t-\tau)}$$

et

$$Y_{\tau t} = Y_\tau^* \ell^{-\delta(t-\tau)}$$

3.2. La durée de vie optimale des équipements

Bien qu'on suppose une durée de vie infinie, une génération de capital ne sera maintenue en service qu'aussi longtemps qu'elle génèrera une quasi-rente (la différence entre le produit par tête et le taux de salaire réel) non négative, soit $Y_{\tau t} \geq \omega_{t+T} L_{\tau t}$. La génération marginale (à la limite de l'obsolescence) sera ainsi caractérisée par une durée de vie T satisfaisant la condition $Y_{\tau t} = \omega_{t+T} L_{\tau t}$. Deux cas peuvent se présenter, selon que les entrepreneurs forment des anticipations statiques ou non sur le taux de salaire réel.

1.2.1. Les entrepreneurs forment des anticipations statiques sur le taux de salaire réel

Ils s'attendent dans ce cas à ce que ce taux reste le même dans le futur. La durée de vie T sera optimale si la décision de mise en service (c'est-à-dire la décision d'affectation de la main d'œuvre) d'une nouvelle génération maximise la valeur actuelle de la quasi-rente U_t escomptée de cette génération. Il s'agit formellement de maximiser U_t par rapport à L. Soit donc

$$U_t = \int_t^{\infty} (Y_{t\tau} - \omega_t L_{t\tau}) \ell^{-r(\tau - t)} d\tau$$

avec τ > t ; r représente le taux d'intérêt, supposé exogène et constant. En remplaçant Y et L par leurs dans la fonction CES du modèle, on a

$$U_t = \int_t^{\infty} (Y_\tau^* \ell^{-\delta(t-\tau)} - \omega_t L_\tau^* \ell^{-\delta(t-\tau)}) \ell^{-r(\tau-t)} d\tau$$

Ou

$$U_t = \int_t^{\infty} (Y_\tau^* - \omega_t L_\tau^*) \ell^{-\delta(t-\tau)} \ell^{-r(\tau-t)} d\tau$$

$$U_t = \int_t^{\infty} (Y_\tau^* - \omega_t L_\tau^*) \ell^{(\tau-t)(\delta-r)} d\tau$$

$$U_t = \frac{1}{\delta - r} (Y_\tau^* - \omega_t L_\tau^*) \ell^{(\tau-t)(\delta-r)}$$

Ou

$$\lim_{t \to \infty} U_t = \frac{1}{\delta - r} (Y_\tau^* - \omega_t L_\tau^*)$$

Et

$$\frac{\partial U_t}{\partial L_t^*} = 0 + \frac{1}{\delta - r} \left(\frac{\partial Y_\tau^*}{\partial L_t^*} - \omega_t \right) = 0$$

finalement

$$\frac{\partial Y_{\tau}^{*}}{\partial L_{t}^{*}} = \omega_{t}$$

La condition de maximisation recherchée qui rend T optimale est donc que la productivité marginale anticipée du travail soit égale au taux de salaire réel

1.2.2. Les entrepreneurs anticipent une croissance du taux de salaire ω au taux λ

On peut écrire dans ce cas

$$\omega_{t+T} = \omega_{t}\ell^{\lambda t}$$

En substituant dans la condition Y on a

$$Y_{\tau t} = \omega_{t}\ell^{\lambda t}L_{\tau t}$$

Ou

$$\frac{Y_{\tau t}}{L_{\tau t}} = \omega_{t}\ell^{\lambda t}$$

Et

$$Log(\frac{Y_{\tau t}}{L_{\tau t}}) = \lambda t Log \omega_{t}$$

A la limite de l'obsolescence, c'est-à-dire pour t = T,

$$T = \frac{1}{\lambda} Log\left[\frac{Y_{\tau t}}{\omega_{t} L_{\tau t}}\right]$$

Les entrepreneurs choisissent T de telle manière que la productivité marginale couvre non seulement le salaire courant, mais aussi son taux de croissance anticipé.

Chapitre VI

Répartition des revenus et croissance

L'introduction de la répartition des revenus dans les modèles de croissance, repose sur la L'utilisation d'une *fonction d'épargne différenciée*, notée

$$S = s_{\omega}W + s_{\pi}P$$

où

s_{ω} désigne le taux d'épargne des salariés, sur les salaires W, avec $\omega = W/L$ le taux de salaire.

s_{π} le taux d'épargne des entrepreneurs, sur les profits P, avec $\pi = P/K$ le taux de profit.

Cette fonction remplace la *fonction d'épargne proportionnelle*, notée S = sY, utilisée dans les modèles de base. La principale différence entre les deux fonctions est que le taux d'épargne s est constant dans le modèle de base, alors que dans le modèle de croissance avec répartition des revenus, il varie sous l'influence de la répartition des revenus entre les entrepreneurs et les salariés. Cette flexibilité du taux d'épargne est utilisée par les auteurs de Cambridge, notamment Kaldor, Kalecki et J. Robinson, pour améliorer les possibilités d'équilibre dans le modèle Harrod –Domar.

Nous verrons en particulier comment Kaldor utilise les relations entre la répartition des revenus et la fonction de progrès technique pour rendre la croissance stable dans le modèle néo-keynésien. Sur un plan beaucoup plus formel, nous verrons que l'on peut introduire l'hypothèse d'une fonction d'épargne différenciée dans le modèle néo-classique sans en modifier les conclusions.

VI.1. L'introduction de la répartition des revenus dans les modèles néo-keynésiens de croissance

Deux optiques sont possibles ici :

1. L'optique de répartition fonctionnelle, avec Kaldor, centrée sur la répartition des revenus entre salaires et profits ;

2. L'optique de répartition sociale, avec Pasinetti, orientée vers la répartition entre les revenus des travailleurs et des entrepreneurs.

Nous adopterons ici l'optique fonctionnelle de Kaldor[51], dans laquelle la variable stratégique est le taux de profit, quelle que soit la catégorie sociale qui le réalise. Tous ceux qui réalisent un profit sont des entrepreneurs. Pasinetti[52] donne une version du modèle de Kaldor, où il attribue une part P_ω de profit aux salariés, estimant que si ceux-ci ont une propension à épargner S_ω comme le suppose Kaldor, ils doivent également prêter et réaliser un profit.

Nous verrons tour à tour le modèle simple (sans progrès technique) et le modèle complet (avec progrès technique) de Kaldor.

VI.1.1. Le modèle simple de Kaldor

1. Les hypothèses du modèle

1.1. Kaldor distingue deux groupes de revenus, les capitalistes et les salariés, ayant chacun une propension à épargner constante, respectivement s_π et s_ω, avec $0 \leq s_\omega < 1$ et $0 \leq s_\pi < 1$. La structure de la répartition est donc donnée (s_π et s_ω constants). Le taux d'épargne global s varie en fonction de la part relative des profits et du taux de profit, lequel va apparaître comme la variable stratégique du modèle.

1.2. Kaldor exclut la possibilité des salaires négatifs, c'est-à-dire qu'on a $0 \leq P \leq Y$. Le revenu Y constitue un maximum pour les profits. Cette hypothèse est liée à une autre, plus profonde : **le salaire est un résidu du profit[53],** lui-même préalablement déterminé par le taux d'investissement ; mais sous la contrainte d'un minimum de subsistance pour les salariés. La répartition des revenus est déterminée par les décisions d'investissement des entrepreneurs, lesquels sont motivés par le taux de profit anticipé. L'hypothèse d'un salaire résiduel permet d'écrire la relation caractéristique du modèle. Partant de la définition du revenu

$$Y = W + P$$

[51] Nicolas Kaldor. « Alternative Theories of Distribution ». ***Review of Economic Studies***, Vol 23, 1955, pp. 94-100

[52] Luigi L. Pasinetti. « Rate of Profit and Income Distribution in Relation to the Rate of Economic Growth ». ***Review of Economic Studies.*** Vol 29, N°2 1961, pp 267-79.

[53] Ceci traduit le caractère keynésien du modèle. Les néoclassiques supposent au contraire que le profit est un résidu du salaire.

et de l'épargne

$I = S$,

on peut écrire

$I = sY = s_\pi P + s_\omega W$.

L'hypothèse considérée permet alors d'écrire

$W = Y - P$

En substituant dans I on a

$I = s_\pi P + s_\omega (Y - P)$

$= s_\pi P + s_\omega Y - s_\omega P$

$= (s_\pi - s_\omega)P + s_\omega Y$

On a finalement à l'équilibre

$$\frac{I}{Y} = (s_\pi - s_\omega)\frac{P}{Y} + s_\omega$$

Et

$$\frac{P}{Y} = \frac{I}{Y} \cdot \frac{1}{s_\pi - s_\omega} - \frac{s_\omega}{s_\pi - s_\omega}$$

$\frac{1}{s_\pi - s_\omega}$ est coefficient de sensibilité de la structure de répartition des revenus par rapport au taux d'investissement I/Y. La part des profits est d'autant plus élevée que l'écart $(s_\omega - s_\pi)$ est faible. Comme $\frac{1}{s_\pi - s_\omega}$ doit être positif, on doit avoir $s_\pi > s_\omega$.

2. Les conditions d'équilibre

Ces conditions sont identiques à celles du modèle Harrod-Domar. La seule différence réside dans l'adoption d'une fonction d'épargne différenciée. Soit :

2.1. La pleine capacité

$K = vY$

2.2. La condition de flux

$I = DK = S = sY$

avec

$$S = s_{\omega}W + s_{\pi}P$$
$$= s_{\pi}P + s_{\omega}(Y - P)$$
$$= (s_{\pi} - s_{\omega})P + s_{\omega}Y$$

et $s = \frac{S}{Y} = (s_{\pi} - s_{\omega})\frac{P}{Y} + s_{\omega}$

Ceci peut s'écrire

$$s = (s_{\pi} - s_{\omega})\frac{P}{K}\cdot\frac{K}{Y} + s_{\omega}$$

et

$$s = s_{\omega} + (s_{\pi} - s_{\omega})\pi \cdot v$$

Le taux d'épargne global dépend ainsi uniquement du taux de profit π, puisque s_{ω}, s_{π} et v sont constants.

2.3. La condition de plein emploi

$$L = L_0\ell^{nt}$$

3. Résolution

Le problème ici est de déterminer la structure de la répartition fonctionnelle compatible avec la croissance équilibrée à taux constant. Plus précisément, le taux de profit qui garantit un taux d'épargne suffisant pour l'investissement désiré.

Remplaçons dans la condition n = s/v, s par son expression. On a

$$n = \frac{1}{v}\left[s_{\omega} + (s_{\pi} - s_{\omega})\pi \cdot v\right]$$

ou

$$n = \frac{s_{\omega}}{v} + (s_{\pi} - s_{\omega})\pi$$

L'on en déduit la valeur d'équilibre du taux de profit, soit

$$\bar{\pi} = \frac{n - s_{\omega}/v}{s_{\pi} - s_{\omega}}$$

La principale conclusion du modèle de Kaldor est qu'il existe à présent un ensemble de va leurs du taux de profit, et par conséquent du taux n de croissance de la population, pour lesquelles la condition n = s/v est remplie. Ainsi les chances d'une croissance équilibrée à taux constant sont elles accrues. Pour établir ceci, partons de $0 \leq P \leq Y$, et remplaçons Y par sa valeur tirée de la condition de pleine capacité. On obtient $0 \leq P \leq K/v$. En divisant par K, on détermine l'intervalle de variation de π, soit $0 \leq P/K \leq 1/v$. On en déduit l'intervalle de variation de n en substituant dans l'expression de n ci-dessus : pour $\pi = 0$, $n = s_\omega / v$. Pour $\pi = 1 / v$, $n = s_\pi / v$. On en déduit

$$\frac{s_\omega}{v} \leq n \leq \frac{s_\pi}{v}$$

4. La stabilité de la croissance

Kaldor montre que si le plein emploi est réalisé et si le taux de profit et les prix sont flexibles (ce qui est le cas dans l'intervalle {0,1/v}), alors la croissance n'est stable que si la propension à épargner des capitalistes est supérieure à celle des salariés, c'est-à-dire si $s_\pi > s_\omega$.

Supposons en effet que n > s/v. Ceci peut s'interpréter comme une insuffisance de l'épargne, ou encore comme un écart inflationniste (I – S > 0). Ceci va augmenter les prix, et par conséquent les marges de profit ainsi que la part des profits P/Y. Le taux global d'épargne augmente dans ces conditions (et s/v tend vers n), si et seulement si $s_\pi > s_\omega$. S'il en était autrement ($s_\pi < s_\omega$ par exemple), la relation $s = (s_\pi - s_\omega)\frac{P}{Y} + s_\omega$ montre que s serait alors une fonction décroissante de P/Y. L'augmentation de la part des profits consécutive à une hausse des prix diminuerait s, et l'écart I – S > 0 croîtrait cumulativement.

De même si n < s/v, il y aura un écart déflationniste qui ne sera résorbée que si $s_\pi > s_\omega$.

5. Quelques cas particuliers

5.1. Le cas d'une fonction d'épargne « classique »

C'est le cas où la propension à épargner de salariés est nulle ($s_\omega = 0$). La fonction d'épargne différenciée se réduit alors à $S = s_\pi P$, ou fonction d'épargne « classique ». ce cas est examiné par Kalecki[54], qui s'inspire de la parabole de Keynes sur le pot de la veuve (widow's cruse). Un accroissement dans la consommation des entrepreneurs accroît le profit total, comme conséquence de l'accroissement des ventes des biens de consommation (qu'ils fabriquent eux-mêmes). Si bien qu'on peut dire que les capitalistes gagnent ce qu'ils dépensent, alors que les salariés dépensent ce qu'ils gagnent. Dans ce cas en effet

la relation $\frac{P}{Y} = \frac{I}{Y} \cdot \frac{1}{s_\pi - s_\omega} - \frac{s_\omega}{s_\pi - s_\omega}$

devient

$$P = I \cdot \frac{1}{s_\pi}$$

ou, en posant $s_\pi = 1 - c_\pi$

$$\boxed{P = I \cdot \frac{1}{1 - c_\pi}},$$

où c_π désigne la propension à consommer des capitalistes. Plus ceux ci consomment et plus les profits sont élevés.

Le taux d'épargne devient

$s = S/Y = s_\pi P/Y$

En substituant dans $n = s/v$ on a

$$n = \frac{s_\pi \cdot P/Y}{v} = s_\pi \frac{P}{K} \cdot \frac{K}{Y} \cdot \frac{1}{v} = s_\pi \cdot \pi \cdot v \frac{1}{v} = s_\pi \cdot \pi$$

La valeur d'équilibre du taux de profit est alors

$$\boxed{\pi = \frac{n}{s_\pi}}$$

Ce cas particulier représente une amélioration supplémentaire par rapport au cas général de Kaldor. La condition

$$\frac{s_\omega}{v} \leq n \leq \frac{s_\pi}{v}$$

devient en effet

$$0 \leq n \leq \frac{s_\pi}{v}.$$

[54] M. Kalecki. « A Theory of Profits ». ***Economic Journal***, Vol 52, 1942.

En donnant des valeurs réalistes à s_π et n, par exemple 0,3 et 1,5%, la condition pour v ($v \leq 20$) est pratiquement satisfaite dans tous les cas.

5.2. Le cas limite $s_\pi = 1$

Si tous les profits sont épargnés, on aura à l'équilibre $\pi = n$. Ce cas peut se présenter lorsque tous les capitalistes sont des personnes morales (sociétés de capitaux) qui n'ont par conséquent aucune consommation (finale). Il peut également se présenter dans une économie collectiviste, où seul l'Etat est capitaliste et non les individus.

VI.1.2. Le modèle complet de Kaldor

Il existe deux versions du modèle complet de Kaldor, une avec progrès technique autonome[55] et une avec progrès technique incorporé[56]. Nous nous limiterons ici au premier modèle.

La caractéristique analytique essentielle du modèle est son **ambivalence** : il demeure fondamentalement keynésien par ses hypothèses et son explication, mais il est néoclassique par ses conclusions. Kaldor remplace en effet la fonction de production par une **fonction de progrès technique** (cf supra le progrès technique induit) qui lui permet de définir graphiquement la croissance équilibrée à taux constant. Il montre que cette croissance est stable, mais le mécanisme d'ajustement est fondé sur une fonction d'investissement dans laquelle le taux de profit intervient comme variable indépendante.

1. Les aspects néoclassiques du modèle complet de Kaldor

1.1. Existence et unicité de l'équilibre

Avec les restrictions imposées à la fonction de progrès technique, Kaldor obtient une courbe croissante et concave. Ceci garantit l'existence et l'unicité du point d'équilibre P, déterminé par l'intersection avec la première bissectrice (graphique 28).

---

[55] N. Kaldor, "A Model of Economic Growth", Economic Journal, vol 67, 1957

[56] N. Kaldor et J. A. Mirrlees, « A New Model of Economic Growth », ***Review of Economic Studies***, Vol 29, 1962, pp. 174-90.

Graphique 28 : Equilibre stable dans le modèle complet de Kaldor

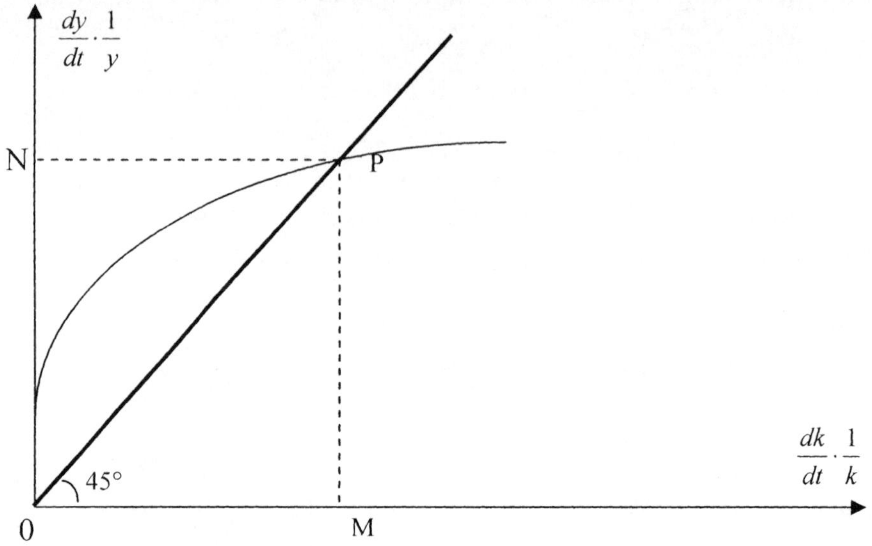

La bissectrice représente le lieu des points tels que Dlog y = Dlog k Trois cas peuvent alors se présenter :

- Avant P, C'est-à-dire a dessus de la première bissectrice, Dlog y > Dlog k. Par conséquent, l'élasticité de y par rapport à k est supérieure à 1

$$\frac{D\log y}{D\log k} \succ 1$$

Le progrès technique est biaisé de type « capital saving ». La productivité du capital (y / k) est croissante, et le coefficient de capital (k/y) est décroissant.

- Après P, on a Dlog y < Dlog k, et

$$\frac{D\log y}{D\log k} \prec 1$$

Le progrès technique est biaisé de type « capital using ». y/k est décroissant et k/y croissant.

- En P Dlog y = Dlog k, et

$$\frac{D\log y}{D\log k} = 1$$

La productivité du capital et le coefficient de capital sont constants. Le taux d'investissement et le taux de profit sont également constants, puisque I/Y dépend de π, et que v dépend de I/Y. L'équilibre se caractérise ainsi par un progrès technique neutre au sens de Harrod, et un taux d'accumulation du capital OM

1.2. La stabilité de l'équilibre

Kaldor montre que P est un équilibre stable :

- Avant P, les entrepreneurs augmentent leurs investissements et par conséquent le taux d'accumulation $\frac{dk}{dt}.\frac{1}{k}$, en réponse à la croissance de la productivité du capital, et on tend vers M.
- Après P, les entrepreneurs diminuent leurs investissements en réaction à la diminution de la productivité du capital.

2. Les aspects keynésiens du modèle de Kaldor

La particularité de la fonction d'investissement du modèle complet de Kaldor est qu'elle ne repose pas uniquement sur le principe habituel d'accélération. Kaldor pose en effet que

$$\frac{K^*}{Y} = \beta + b \cdot \pi$$

C'est-à-dire que le rapport du stock de capital désiré K* au produit Y est une fonction croissante et linéaire du taux de profit. L'on en déduit

$$K^* = \beta \cdot Y + b \cdot \pi \cdot Y$$

et

$$DK^* = I^* = \beta \cdot DY + b \cdot D(\pi \cdot Y)$$

La croissance ne sera donc stable que si le taux d'épargne s'adapte au taux d'investissement désiré, ou encore si les entrepreneurs peuvent déterminer le taux de profit. Kaldor pense justement que les entrepreneurs ayant la maîtrise des prix, peuvent infléchir la répartition des revenus en leur faveur. Kaldor obtient ainsi un résultat néoclassique (stabilité automatique), grâce à un mécanisme d'ajustement keynésien (fonction d'investissement déterminée par la prédominance des décisions des capitalistes dans la répartition)

VI.2. L'introduction de la répartition des revenus dans le modèle néo-classique

VI.2.1. Les hypothèses du modèle

1.1) On suppose que comme dans le modèle de base, les facteurs sont substituables et que le coefficient de capital est flexible. Les autres hypothèses du modèle de base sont implicitement valables.

1.2) On suppose ensuite, comme dans le modèle de Kaldor, qu'il existe deux groupes de revenus, les capitalistes et les salariés, ayant des propensions à épargner constantes, respectivement s_π et s_ω, avec

$s_\pi > s_\omega$

et

$$s = s_\omega + (s_\pi - s_\omega)\pi \cdot v$$

1.3) Mais l'on suppose que les facteurs de production sont rémunérés à leur productivité marginale f'(k), en vertu du théorème d'Euler de la répartition fonctionnelle. Le taux d'intérêt est par conséquent égal à la productivité marginale du capital, et au taux de profit. On a alors

$$s = s_\omega + (s_\pi - s_\omega) f'(k) \cdot v$$

Cette hypothèse marque une différence profonde avec le modèle de Kaldor, où on s'en souvient, les variations de la structure de répartition sont déterminées par les anticipations de profit des entrepreneurs.

VI.2.2. Les caractéristiques de la croissance équilibrée à taux constant

On peut vérifier que les conclusions du modèle de base ne sont pas sensiblement modifiées par l'introduction de la répartition des revenus. La solution de croissance équilibrée à taux constant existe toujours, avec les propriétés d'unicité et de stabilité.

1. Existence et unicité de l'équilibre

Partons de l'équation caractéristique du modèle néoclassique sf(k) = nk. En remplaçant s par sa nouvelle expression, on a

$$\{s_\omega + (s_\pi - s_\omega) v \cdot f'(k)\} f(k) = nk$$

$$v = \frac{k}{f(k)}$$

$$nk = s_\omega \cdot f(k) + (s_\pi - s_\omega)k \cdot f'(k)$$

$$n = \frac{s_\omega f(k)}{k} + (s_\pi - s_\omega) f'(k)$$

$$n = \frac{1}{v} s_\omega + (s_\pi - s_\omega) f'(k)$$

et

$$\frac{1}{v} = \frac{n - (s_\pi - s_\omega) f'(k)}{s_\omega} = \frac{f(k)}{k}$$

Ceci est l'équation caractéristique du modèle. Elle est vérifiée quel que soit n, alors que dans le modèle simple de Kaldor la solution d'équilibre n'existait que pour $\frac{s_\omega}{v} \leq n \leq \frac{s_\pi}{v}$. Elle est aussi vérifiée pour tout t sur le sentier d'équilibre. Soit en effet un sentier d'équilibre caractérisé par

$$K = k_0 L_0 \ell^{nt}$$

et

$$Y = y_0 L_0 \ell^{nt}$$

Comme à l'équilibre les variables par tête sont constantes, l'équation caractéristique ci-dessus nous donne

$$y_0 = y = k \frac{n - (s_\pi - s_\omega) f'(k)}{s_\omega}$$

En substituant dans le sentier d'équilibre de Y on a

$$Y = \frac{[n - (s_\pi - s_\omega) f'(k)] k_0 L_0 \ell^{nt}}{s_\omega}$$

et

$$\frac{Y}{K} = \frac{1}{v} = \frac{n - (s_\pi - s_\omega) f'(k)}{s_\omega}$$

L'unicité de la solution découle des restrictions imposées à f(k) (fonction croissante et concave) et de la constance de k et f'(k) sur le sentier d'équilibre (rendements constants). Dans ce cas en effet le taux global d'épargne est constant, puisque dans

$$s = s_{\omega} + (s_{\pi} - s_{\omega}) f'(k) \cdot v$$

s_{π} et s_{ω} sont constants, et $v = v_0$. L'hypothèse d'une fonction d'épargne proportionnelle prévaut donc à l'équilibre, et l'équation caractéristique sf(k) = nk possède une seule racine, comme dans le modèle de base.

2. Stabilité de la croissance

Le mécanisme d'ajustement néoclassique dépend à présent de la valeur de l'élasticité de substitution, qui commande l'évolution des parts relatives. Prenons par exemple le cas d'un déséquilibre de type $n < s/v$, c'est-à-dire avec une rareté du facteur travail. Trois cas peuvent se présenter :

- Si $\sigma = 1$, la part relative d'un facteur reste constante lorsque sa quantité augmente. Le facteur surabondant est substitué aux autres proportionnellement à la diminution de son prix. Dans ce cas le mécanisme d'ajustement du modèle de base n'est pas modifié. s reste constant, et K sera substitué au travail (c'est-à-dire que K/L va augmenter ainsi que v) jusqu'à ce que s/v converge vers n.
- Si $\sigma > 1$, cette part est croissante, et le facteur surabondant est substitué aux autres plus que proportionnellement par rapport à la diminution de son prix. L'augmentation de K et donc de v, entraînera une augmentation de la part relative du capital (P/Y) ainsi que du taux d'épargne s, puisque

  $$s = s_{\omega} + (s_{\pi} - s_{\omega}) P / Y$$

  avec $s_{\pi} > s_{\omega}$

Toutefois la hausse de v est moins que proportionnellement répercutée sur s, puisque $(s_{\pi} - s_{\omega}) < 1$. Ainsi s/v décroît et converge vers n.

• Si $\sigma < 1$, cette part décroît, et la substitution est moins que proportionnelle. S diminuera en même temps que v augmente, et le mécanisme d'ajustement jouera plus rapidement.

Un raisonnement symétrique peut être fait dans le cas où $n > s/v$.

On voit que finalement, l'introduction de la répartition des revenus dans le modèle néoclassique n'a pas d'influence sur la stabilité de la croissance.

Chapitre VII

Monnaie et croissance

L'analyse de la croissance en termes monétaires nous conduit à prendre en compte l'arbitrage effectué par les agents économiques entre actifs réels et monétaires, en fonction des rendements comparés de ces deux actifs. Tous les mécanismes d'ajustement, ainsi que les comportements d'épargne et d'investissement, ne sont effectifs que si cet arbitrage est adéquat. En particulier, les variations de l'intensité capitalistique en dépendent.

Nous verrons successivement la thèse néoclassique avant d'examiner la réaction néo-keynésienne.

VII.1. Les modèles néoclassiques de croissance avec monnaie

La problématique néoclassique tourne autour de la compatibilité de l'hypothèse de neutralité de la monnaie avec un impact des phénomènes monétaires sur les variables réelles de la croissance. Nous verrons ensuite le fonctionnement du modèle.

VII.1.1. Le problème de la neutralité de la monnaie

Dans la théorie néoclassique la monnaie est supposée neutre au sens de la statique comparative et de la théorie quantitative. Une variation ponctuelle (« once for all change ») de la quantité de monnaie entraîne une variation ponctuelle et proportionnelle du niveau des prix, sans effets réels sur l'économie, le taux de croissance de l'offre de monnaie étant supposé constant.

Comment la monnaie peut-elle dès lors être un facteur explicatif de la croissance ? Les théoriciens néoclassiques ont essayé de contourner cette difficulté méthodologique de deux manières : soit en concédant que seule la monnaie de type « interne » est neutre, la variété « externe » étant « active »[57], soit en considérant que toute la monnaie

[57] Pour l'étude originale, voir J.G. Gurley et E.S. Shaw. Money in a Theory of Finance. The Brooking Institution, Washington (D.C.), 1960

est neutre par sa quantité, mais active par les services de consommation et de production qu'elle rend à ses détenteurs[58].

1. Monnaie interne et monnaie externe

La distinction est fondée sur la nature de la contrepartie de l'émission. La monnaie interne a pour contrepartie un endettement du secteur privé, tandis que la monnaie externe est gagée sur une dette de l'Etat ou de l'étranger.

La portée de cette distinction est que seule la monnaie externe est active. Elle seule représente une créance nette du secteur privé, l'Etat (ou l'étranger) ayant le pouvoir de créer de la monnaie pour se libérer de ses dettes. La monnaie interne est au contraire neutre, toute créance interne du secteur privé correspondant à une dette équivalente. Ainsi seule la monnaie externe est introduite dans l'analyse de la croissance.

2. Les services rendus par la monnaie

Contrairement à la compensation entre créances et dettes, les services rendus par la monnaie ne sont compensés par aucun flux négatif. Toute la monnaie est par conséquent active. Les deux modèles ci-dessous visent à établir la non-neutralité de la monnaie, et donc de la politique monétaire.

VII.1.2. Le modèle néoclassique à monnaie externe : le modèle de Tobin[59]

1. Les Hypothèses du modèle

Toutes les hypothèses du modèle de base sont maintenues. On suppose de plus que :

- les comportements monétaires sont régis par la théorie quantitative de la monnaie, dont l'équation est caractéristique est

$MV = pY$

où

- M est la masse monétaire, ou l'offre exogène de monnaie,

[58] Les travaux fondateurs de cette thèse ont été ceux de Pesek, Saving, Tobin, Levhari et Patinkin.

[59] J. Tobin, « A Dynamic Aggregative Model ». ***Journal of Political Economy***, Vol.63, 1955, pp. 103-115

- V la vitesse de circulation de la monnaie, supposée constante,
- P le niveau général des prix,
- Y le produit.

En écriture dynamique on a

$$\frac{Dp}{p} = \frac{DM}{M} - \frac{DY}{Y}$$

Ceci implique que :

- les prix sont suffisamment flexibles pour assurer un ajustement instantané. Ils croissent proportionnellement à la masse monétaire,
- les agents économiques ont des anticipations correctes en matière de prix. Ils n'ont aucune illusion monétaire, si bien que leur calcul économique est uniquement guidé par le pouvoir d'achat de l'unité monétaire. L'autorité monétaire peut ainsi satisfaire la demande excédentaire de monnaie par une baisse des prix, laquelle est dans le modèle un **parfait substitut de l'offre exogène de monnaie.** Un autre corollaire est que est que la demande de monnaie est fonction du revenu réel et du coût d'opportunité de la détention d'encaisses réelles. Le taux d'inflation dans le modèle est donc effectif et non anticipé.
- L'Etat ne paie aucun intérêt sur sa dette. Par conséquent les encaisses réelles détenues par les agents ne leur rapporte aucun intérêt, si bien que le taux de rendement des actifs monétaires, égal d'ordinaire au taux d'intérêt augmenté des gains en capital (- Dp/p), se réduit à

$$\frac{r}{p} = -\frac{Dp}{p}$$

r désignant le taux de rendement nominal des actifs monétaires.

2. Les équations du modèle

- **Le marché du travail**

$L = L_0 \ell^{nt}$

- **Le marché des biens et services**
- La pleine capacité
- y = f(k)

- La condition de flux est modifiée ainsi qu'il suit :
  - l'épargne globale S_T se subdivise en épargne placée S'_p sous forme de monnaie, et en épargne physique S_p sous forme d'actifs réels ;
  - la fonction d'épargne est de type proportionnel. L'épargne totale est une fraction constante s du revenu disponible Y_d, soit :

    $S_T = sY_d$
  - le revenu disponible est la somme du revenu fonctionnel Y et de la variation des encaisses réelles, soit :

$$Y_d = Y + D\left(\frac{M}{p}\right)$$

ou

$$Y_d = Y + \frac{pDM - MDp}{p^2}$$

$$Y_d = Y + \frac{DM}{p} - \frac{M}{p} \cdot \frac{Dp}{p}$$

et

$$Y_d = Y + \frac{M}{p}\left(\frac{DM}{M} - \frac{Dp}{p}\right)$$

  - l'épargne physique doit satisfaire la demande d'investissement, puisque l'épargne placée alimente la demande d'encaisses réelles. Soit

$I = S_p = DK$

Comme I = Y- C, la consommation étant une fraction (1-s) du revenu disponible, on peut écrire finalement pour la condition de flux :

$$\boxed{DK = Y - (1-s)\left[Y + \frac{M}{p}\left(\frac{DM}{M} - \frac{Dp}{p}\right)\right]}$$

- **Le marché de la monnaie**

Soit M/p et M_d/p l'offre et la demande d'encaisses réelles, respectivement. La demande résulte de l'arbitrage actifs réels-monnaie. Le taux de rendement des actifs réels (ramenés ici au capital physique) est égal à la productivité marginale du capital (théorème d'Euler), soit : $r_p = f'(k)$. Le taux de rendement de la monnaie est (–Dp/p).

La combinaison d'actifs $(M_d/p)/K$ demandée par les agents est une fonction décroissante G du coût d'opportunité de la détention d'encaisses réelles. Ce coût est la différence entre les taux de rendement du capital et de la monnaie, soit

$$f'(k)-\left(-\frac{Dp}{p}\right)$$

ou

$$f'(k)+\frac{Dp}{p}$$

On peut donc écrire

$$\frac{M_d/p}{K}=G[f'(k)+\frac{Dp}{p}]...avec...G'<0$$

ou

$$\frac{M_d/p\cdot L}{L\cdot K}=G[f'(k)+\frac{Dp}{p}]$$

et

$$\frac{M_d/p}{L}=k\cdot G[f'(k)+\frac{Dp}{p}]$$

L'équation d'équilibre du marché du travail est donc

$$\boxed{m=\frac{M}{pL}=k\cdot G[f'(k)+\frac{Dp}{p}]}$$

où m désigne l'offre d'encaisses réelles par tête

3. La résolution du modèle

La condition de flux nous donne en divisant par K :

$$\frac{DK}{K}=\frac{Y}{K}-\frac{1}{K}(1-s)\left[Y+\frac{M}{p}\left(\frac{DM}{M}-\frac{Dp}{p}\right)\right]$$

Ou

$$\frac{DK}{K}=\frac{Y}{K}-\frac{Y}{K}(1-s)\left[1+\frac{M}{pY}\left(\frac{DM}{M}-\frac{Dp}{p}\right)\right]$$

et

$$\frac{DK}{K}=\frac{y}{k}\left[1-(1-s)(1+b\frac{DY}{Y})\right]$$

où b = M/pY désigne les encaisses réelles par unité de produit, et $\frac{DY}{Y}=\frac{DM}{M}-\frac{Dp}{p}$ d'après l'équation quantitative de la monnaie. En simplifiant on a

$$\frac{DK}{K}=\frac{y}{k}\left[1-1+s-b\frac{DY}{Y}+sb\frac{DY}{Y})\right]$$

ou

$$\frac{DK}{K}=\frac{y}{k}\left[s-b\frac{DY}{Y}(1-s)\right]$$

On en déduit l'équation différentielle du modèle en posant k = K/L et Dk/k = DK/K – n. En remplaçant DK/K par son expression ci-dessus on a :

$$\frac{Dk}{k}=\frac{y}{k}\left[s-b\frac{DY}{Y}(1-s)\right]-n$$

et

$$Dk=y\left[s-b\frac{DY}{Y}(1-s)\right]-nk$$

Comme à l'équilibre k et constant et que DY/Y = n, on peut écrire

$$\boxed{[s-b\cdot n(1-s)]y=nk}$$

Ceci est la nouvelle expression de **l'équation caractéristique du modèle**. La croissance équilibrée à taux constant se caractérise par la constance des encaisses réelles par tête. On peut en effet réécrire l'équation caractéristique :

$$\boxed{by=\frac{sy-nk}{n(1-s)}}$$

où by désigne les encaisses réelles par tête. Comme à l'équilibre k et y sont constants, le membre de droite est constant.

Graphiquement (graphique 29), l'équilibre est déterminé par l'intersection de l'offre et de la demande d'encaisses réelles par tête. Lorsque k → ∞, f'(k) → 0, et la demande d'encaisses réelles $k \cdot G[f'(k) + \frac{Dp}{p}]$ croît au détriment des actifs physiques. L'offre est représentée par une parabole concave, compte tenu des restrictions imposées à y = f(k). Noter que l'équilibre A est réalisé simultanément sur le marché des produits ($\bar{k}$) et le marché de la monnaie ($\bar{m}$).

Graphique 29 : L'équilibre dans le modèle de Tobin

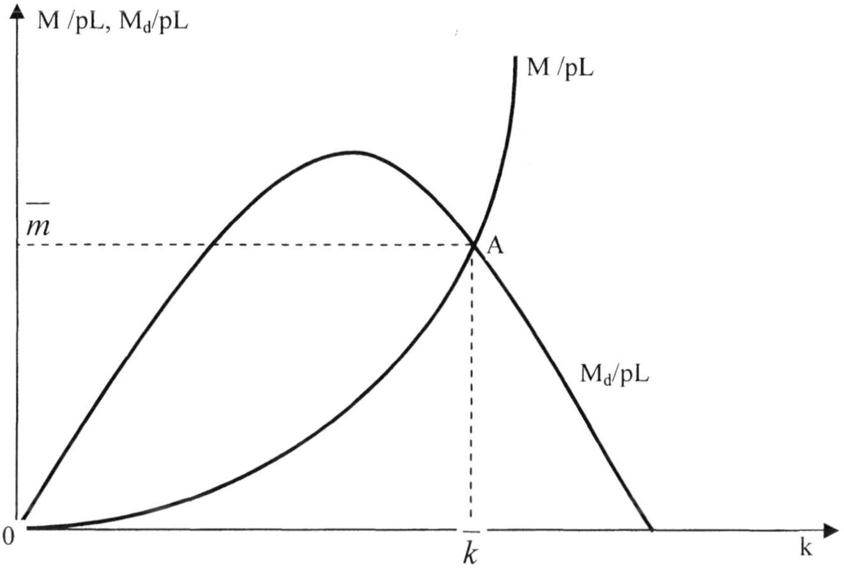

Les sentiers d'équilibre s'expriment de la même manière que dans le modèle de base, soit :

$$K = kL_0\ell^{nt}$$

$$Y = yL_0\ell^{nt} \ .$$

Ou

$$Y = \frac{n}{s - bn(1-s)} k \cdot L_0\ell^{nt}$$

et

$$\frac{Y}{K} = \frac{1}{v} = \frac{n}{s - bn(1-s)} = \frac{y}{k}$$

quel que soit t. cette solution est unique, puisqu'à l'équilibre bn est constant. Avec les restrictions néoclassiques d'usage, l'équation ci-dessus a une racine unique.

4. Conséquences de l'introduction de la monnaie sur les caractéristiques de l'équilibre

4.1. Effets sur le niveau d'équilibre des variables

Dans l'équation caractéristique du modèle, nous pouvons identifier le nouveau taux d'épargne

$s' = s - nb(1-s)$. On en déduit s'<s. Il s'agit du taux d'épargne physique. **La monétarisation de l'économie a donc pour conséquence, dans les hypothèses de Tobin, de diminuer la valeur d'équilibre du taux d'épargne physique, et par conséquent celle de l'intensité capitalistique k et du produit par tête y.**

4.2. L'efficacité de la politique monétaire dans le modèle de Tobin

4.2.1. L'impact sur les variables réelles

Les hypothèses du modèle de Tobin permettent de montrer que la politique monétaire n'est pas neutre :

- **Une politique déflationniste** (baisse des prix ou contraction de l'offre de monnaie, c'est-à-dire du taux de croissance de la masse monétaire) diminuera le coût d'opportunité $[f'(k) + \frac{Dp}{p}]$ de la détention d'encaisses réelles, et incitera les agents économiques à accroître leur épargne placée au détriment de l'épargne physique. Ceci aura pour effet une baisse de l'intensité capitalistique et du produit par tête.
- **Une politique inflationniste** (hausse des prix ou augmentation du taux de croissance de la masse monétaire) accroîtra le coût d'opportunité et incitera les agents à « fuir » la monnaie pour accroître leur épargne physique. Ceci aura pour effet une hausse de l'intensité capitalistique et du produit par tête.

Toutefois, ces mécanismes ne seront effectifs que si la variation du taux de rendement f'(k)du capital est inférieure à celle du taux d'inflation Dp/p. On sait en effet que d'après les restrictions imposées à f(k), f '(k) est une fonction décroissante de k.

$f'(k) \rightarrow \infty$ lorsque $k \rightarrow 0$,

et

$f'(k) \rightarrow 0$ lorsque $k \rightarrow \infty$.

4.2.2. Politique monétaire et stabilisation de la croissance

La particularité du modèle de Tobin réside dans le fait que, malgré cet impact potentiel sur les variables réelles, la politique monétaire n'est que partiellement stabilisatrice. L'introduction de la monnaie dans son analyse de la croissance débouche, indépendamment de la variation de la masse monétaire, sur une diminution de la valeur d'équilibre des variables réelles par tête (cf supra). Dans ces conditions, le retour à l'équilibre n'est possible que pour un déséquilibre initial de type $k > \bar{k}$. Ce résultat quelque peu paradoxal s'explique par l'exclusion des services rendus par la monnaie. Une partie de la monnaie est ainsi détournée vers le placement, sans que ceci soit compensé par ces services, qui peuvent accroître l'épargne physique.

Cette lacune est partiellement comblée par le modèle de Levhari et Patinkin, que nous allons voir maintenant.

VII.1.3. Le modèle néoclassique avec monnaie comme bien de consommation : le modèle de Levhari et Patinkin[60]

La prise en compte de la monnaie comme bien de production est simple ; elle conduit à un déplacement de la fonction de production (comme dans le cas du progrès technique autonome), dans laquelle le produit par tête est désormais fonction du capital par tête et des encaisses réelles par tête. Soit $y = f(k, M/pL)$. Les conséquences sur le sentier d'équilibre des variables, dépendent de l'attitude des agents face à aux variations du coût d'opportunité de la détention d'encaisses réelles.

[60] D. Levhari et D. Patinkin. « The Role of Money in a Simple Growth Model". ***American Economic Review***, Septembre 1968, pp. 713-53

Nous allons voir dans ce paragraphe les modifications apportées au modèle de Tobin par l'introduction explicite des services de consommation rendus par la monnaie.

1. La nouvelle expression du revenu disponible

Les services de consommation rendus par la monnaie sont introduits dans la fonction d'utilité des agents, et explicitement inclus dans son revenu disponible. Ces services sont évalués au coût d'opportunité de la détention d'encaisses réelles. L'on peut en effet supposer que ce coût détermine le comportement de la demande d'actifs en fonction de l'importance des services rendu par ceux-ci. On peut donc exprimer les services rendus par un montant M/p 'encaisses réelles par

$$\frac{M}{p}[f'(k)+\frac{Dp}{p}]$$

En ajoutant ceci au revenu disponible de Tobin, il vient

$$Y_d = Y + \frac{M}{p}\left(\frac{DM}{M} - \frac{Dp}{p}\right) + \frac{M}{p}[f'(k)+\frac{Dp}{p}]$$

ou

$$Y_d = Y + \frac{M}{p}\left[\frac{DM}{M} + f'(k)\right]$$

Ces services de consommation doivent, simultanément, être déduits de la consommation globale C, pour obtenir la consommation physique C_p. On peut supposer, en effet, que la consommation globale se compose maintenant de la consommation physique et des services de liquidité que rend la monnaie du fait de sa simple détention. C'est la consommation ainsi définie qui doit être déduite du revenu fonctionnel Y pour obtenir l'épargne physique S_p. On peut donc écrire :

$$C_p = C - \frac{\dot{M}}{p}[f'(k)+\frac{Dp}{p}]$$

$$C_p = (1-s)Y_d - \frac{M}{p}[f'(k)+\frac{Dp}{p}]$$

La condition de flux est alors

$$I = DK = S_p = Y - C_p$$

ou

$$DK = Y - (1-s)Y_d - \frac{M}{p}[f'(k) + \frac{Dp}{p}]$$

$$DK = Y - \left\{(1-s)\left[Y + \frac{M}{p}[\frac{DM}{M} + f'(k)]\right] - \frac{M}{p}[f'(k) + \frac{Dp}{p}]\right\}$$

$$DK = Y - \left\{(1-s)Y\left[1 + b[\frac{DM}{M} + f'(k)]\right] - bY[f'(k) + \frac{Dp}{p}]\right\}$$

avec b = M/pY, les encaisses réelles par unité de produit.

On peut encore écrire

$$DK = Y\left\{1 - (1-s)\left[1 + b[\frac{DM}{M} + f'(k)]\right] + b[f'(k) + \frac{Dp}{p}]\right\}$$

Ou

$$DK = Y\left\{1 - 1 - b[\frac{DM}{M} + f'(k)] + s + sb[\frac{DM}{M} + f'(k)] + b[f'(k) + \frac{Dp}{p}]\right\}$$

En mettant b en facteur on a :

$$DK = Y\left\{s + sb[\frac{DM}{M} + f'(k)] - b\left[\frac{DM}{M} - \frac{Dp}{p}\right]\right\}$$

En posant d'après l'équation quantitative de la monnaie

$$\frac{DM}{M} = \frac{Dp}{p} + \frac{DY}{Y}$$

On a finalement

$$DK = Y\left[s + sb[\frac{Dp}{p} + \frac{DY}{Y} + f'(k)] - b\frac{DY}{Y}\right]$$

2. La nouvelle expression de la condition de croissance équilibrée à taux constant

La condition de flux nous donne

$$\frac{DK}{K} = \frac{Y}{K}\left[s + sb[\frac{Dp}{p} + \frac{DY}{Y} + f'(k)] - b\frac{DY}{Y}\right]$$

On en tire l'équation différentielle du modèle en substituant dans

$$\frac{\mathrm{Dk}}{\mathrm{k}} = \frac{DK}{K} - n$$

Soit

$$\text{Dk} = \frac{Y}{K}\left[s + sb[\frac{Dp}{p} + \frac{DY}{Y} + f'(k)] - nb \right] - nk$$

et

$$y\left[s + sb[\frac{Dp}{p} + n + f'(k)] - nb \right] = nk$$

3. Conséquences sur le niveau d'équilibre des variables réelles par tête

Le nouveau taux d'épargne est ici

$$s'' = s + sb[\frac{Dp}{p} + n + f'(k)] - nb$$

Le sens de l'action de la monnaie sur le taux d'épargne physique dépend maintenant du signe de $sb[\frac{Dp}{p} + n + f'(k)] - nb$.

Posons $\frac{Dp}{p} + n + f'(k) = \lambda$. Trois cas peuvent se présenter :

1. $sb\lambda - nb = 0$, c'est-à-dire si $\lambda = \frac{n}{s}$, on a $s'' = s$ et la monnaie n'a aucun effet sur la croissance

2. $sb\lambda - nb \prec 0$, c'est-à-dire si $\lambda \prec \frac{n}{s}$, on a $s'' \prec s$. Par conséquent y et k seront plus faibles à l'équilibre que dans le modèle de base. Ce résultat est le même que celui obtenu par Tobin.

3. $sb\lambda - nb \succ 0$, c'est-à-dire si $\lambda \succ \frac{n}{s}$, on a $s'' \succ s$. Dans ce dernier cas k et y seront plus élevés que dans le modèle de base.

Désignons par c le coût d'opportunité de la détention d'encaisses réelles. On peut alors écrire

$\lambda = c + n$. Comme n est constant, λ est une fonction croissante de c. plus c est élevé,, plus les agents préféreront les actifs physiques, plus l'épargne physique est élevée, et plus les chances d'avoir $\lambda > n /s$ et s''> s seront grandes. **On peut donc dire que la prise en compte des services de consommation rendus par la monnaie peut améliorer**

le sentier de croissance équilibrée à taux constant, à condition que le coût d'opportunité de la détention d'encaisses réelles soit élevé.

4. L'efficacité de la politique monétaire

4.1. L'impact sur les variables

4.1.1. La politique déflationniste

De la condition de neutralité $\lambda = n/s$, on déduit

$$\frac{Dp}{p} + n + f'(k) = \frac{n}{s}$$

ou

$$\frac{Dp}{p} + f'(k) = \frac{n}{s} - n$$

Comme à l'équilibre

$$\frac{n}{s} = \frac{1}{v} \text{ et } n = \frac{s}{v} = g$$

On a

$$\frac{Dp}{p} + f'(k) = \frac{1}{v} - g$$

A l'équilibre aussi la productivité marginale f '(k) est égale à la productivité moyenne 1/v . On en déduit

$$\left| -\frac{Dp}{p} \right| = g$$

Deux cas de non neutralité peuvent ainsi se présenter :

- Si le taux de décroissance des prix est égal en valeur absolue au taux de croissance, c'est-à-dire $\left| -\frac{Dp}{p} \right| \succ g$, le coût d'opportunité de la détention d'encaisses réelles sera faible. La demande d'encaisses réelles augmentera au détriment des actifs physiques, et la politique déflationniste agira à la baisse sur y et k.
- Si $\left| -\frac{Dp}{p} \right| \prec g$, la politique déflationniste agira à la hausse sur y et k.

4.1.2. La politique inflationniste

L'expansion de la masse monétaire entraîne une hausse des prix, dont les effets sur les variables réelles sont symétriques du cas précédent :

- Si $\left|-\frac{Dp}{p}\right| \succ g$, la fuite devant la monnaie fera croître l'épargne physique au détriment de l'épargne placée, ainsi que les variables par tête.
- Si $\left|-\frac{Dp}{p}\right| \prec g$, la politique inflationniste agira à la baisse sur y et k (la monnaie fera défaut aux investisseurs).

4.2. Le retour à l'équilibre

Il apparaît à présent que la politique monétaire peut être stabilisatrice, et ce globalement. Et non plus de façon partielle comme dans le modèle de Tobin. Tout dépend finalement de l'ampleur de la variation de la masse monétaire, comparée au taux de croissance de l'économie.

VII.1.4. La réaction néo-keynésienne : les modèles de type Keynes Wicksell[61]

En réaction au modèle néoclassique avec monnaie, J. Stein a développé en 1969 un nouveau modèle dans la tradition monétaire de Keynes et de Wicksell, où la monnaie est conçue comme un facteur de déséquilibre. Ce modèle comporte une version simple et une version complète, qui se distinguent par l'inclusion dans la dernière version, d'une fonction d'investissement indépendante de la fonction d'épargne.

1. Le modèle simple de Stein

1.1. Les hypothèses du modèle

1.1) Tous les marchés sont en équilibre sauf celui de la monnaie. *L'équation de déséquilibre* du marché de la monnaie exprime le taux de variation anticipé de des prix (positive ou négative), comme une fonction de l'offre (ou de la demande) excédentaire de monnaie. Si par exemple les prix augmentent dans une proportion θ pour un écart inflationniste $\{m - \eta(k,[Dp/p]^*\}$, on peut écrire

$$(Dp/p)^* = \theta\{m - \eta(k,[Dp/p]^*\}$$

[61] J. L. Stein. „Neoclassical and Keynes-Wicksell Monetary Growth Models". ***Journal of Money, Credit and Banking***. Mai 1969, pp.153-71 et "Monetary Growth Theory in Perpective", ***American Econmic Review***, Mars 1970.

où

- $(Dp/p)^*$ est le taux d'inflation anticipé,
- m l'offre d'encaisses réelles par tête, fonction du capital par tête k et de $(Dp/p)^*$,
- θ le coefficient de vitesse d'ajustement (par les prix).

1.2) La consommation par tête c = C/L est fonction de k et de m, C'est-à-dire qu'elle est déterminée par les variations du revenu disponible. On peut poser c = f (a) avec f '> 0

où a désigne le patrimoine par tête soit a = A/L = k + m.

1.2 Les équations du modèle

1.2.1. Le marché du travail

$$L = L_0 \ell^{nt}$$

1.2.2. le marché des produits

La pleine capacité

Y =f(k),

avec f '(k) > 0 et f '' < 0

f '(k) $\rightarrow \infty$ lorsque k $\rightarrow$ 0

La condition de flux

DK = S = Y – C

Ou encore

DK/L = y – c(a)

Le marché de la monnaie

L'équation de déséquilibre du marché de la monnaie peut s'écrire sous forme dynamique,

$$D(Dp/p)^* = \theta\{Dm - \eta_1 Dk - \eta_2 D[Dp/p]^*\}$$

où η_1 et η_2 sont les dérivées partielles par rapport à k et $(Dp/p)^*$.

1.3. Résolution du modèle.

1.3.1. l'équation différentielle du secteur réel

La condition de flux nous donne

DK/L = S/L = sY/L = sf(k) = y – c

En substituant dans l'équation différentielle du modèle néoclassique (valable ici puisque les hypothèses du modèle néo-classique sont maintenues sauf pour le marché de la monnaie), on a,

Dk = s.f(k) – nk = f(k) – nk – c(a)

1.3.2. l'équation différentielle du secteur du secteur monétaire

Les encaisses réelles par tête nous donnent Dm/m = DM/M – (Dp/p)* - n et

Dm = m.DM/M – m (Dp/p)* - mn

L'on définit ainsi un système d'équations différentielles qui caractérisent le modèle simple de Stein :

Dk = f(k) – nk – c(a) (1)

Dm = m.DM/M – m (Dp/p)* - mn (2)

1.4. Efficacité de la politique monétaire

1.4.1. Impact sur les variables réelles

L'équation (1) peut s'écrire f(k) – nk = c(a), puisque Dk = 0 à l'équilibre. La courbe f(k) – nk est une parabole concave compte tenu des restrictions imposées à f(k) (graphique 30).

Graphique 30 : Efficacité de la politique monétaire dans le modèle simple de Stein

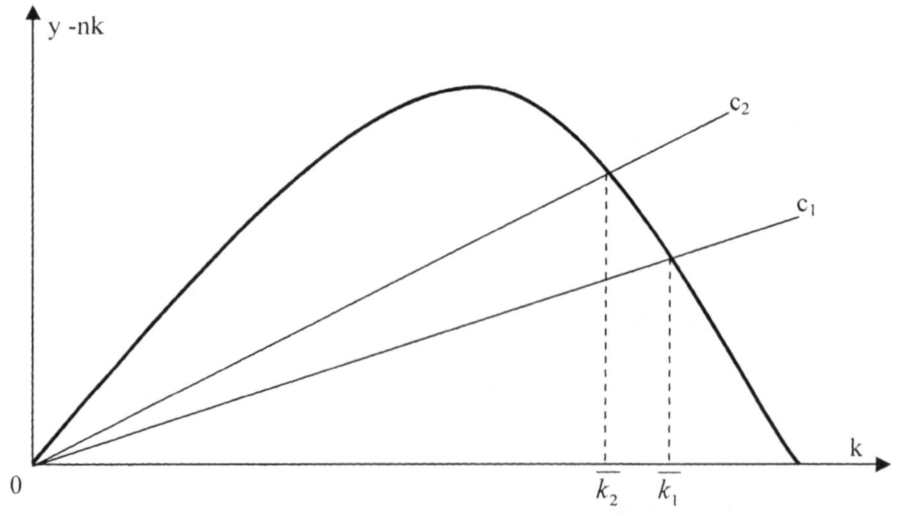

1.4.1.1. La politique inflationniste

Une augmentation de DM/M aura deux effets combinés qui réduiront la valeur d'équilibre de k et de y :

- Les encaisses réelles par tête augmentent, ce qui accroît le patrimoine par tête a = k +m, et donc la consommation par tête c(a) ;
- mais en même temps le taux d'inflation augmente, ce qui tend à diminuer la demande d'encaisses réelles par tête. Comme les agents anticipent d'autres hausses, ils se débarrassent des encaisses dépréciées e accroissant leur consommation.

La combinaison de ces deux effets diminue les fonds disponibles pour l'acquisition des biens capitaux. Graphiquement la fonction c(a) se déplace de c_1 à c_2, et à l'équilibre k est plus faible, passant de $\overline{k_1}$ à $\overline{k_2}$.

1.4.1.2. Un raisonnement symétrique peut être fait pour la politique déflationniste

1.4.2. L'instabilité de la croissance

Les anticipations perverses des agents économiques peuvent ainsi rendre la croissance instable dans le modèle de Stein. L'efficacité de la politique monétaire dépend à présent de l'élasticité d'anticipation du taux d'inflation (Dp/p) par rapport à DM/M. Pour que la politique monétaire soit stabilisatrice, il faut que cette élasticité soit égale à l'unité (variation proportionnelle du rapport M/pL), c'est-à-dire conforme à l'équation quantitative de la monnaie, soit (Dp/p)* = DM/M – n. Mais ici l'élasticité est supérieure à l'unité ; une politique déflationniste tendra à déclencher un processus cumulatif d'accroissement des encaisses réelles, c'est-à-dire un processus cumulatif de déflation. A l'inverse, une politique inflationniste tendra à déclencher un processus cumulatif d'inflation.

2. Le modèle complet de Stein

Dans un deuxième temps, le modèle de Stein est perfectionné pour permettre d'obtenir des effets plus cohérents de la politique monétaire, notamment une amélioration de la valeur d'équilibre des variables par tête.

2.1. Les hypothèses du modèle

1.1) Tous les marchés sont en équilibre sauf le marché des produits, qui *peut* ne pas l'être. Ceci est conforme à l'hypothèse d'indépendance des fonctions d'investissement et d'épargne. Les facteurs qu déterminent l'épargne désirée par les ménages ne sont pas les mêmes que ceux qui déterminent l'investissement désiré par les entrepreneurs :

- L'épargne désirée par les ménages est une fonction décroissante de m, et croissante de k. On peut donc écrire la fonction par tête. Soit

$S^*/L = f(k,m)$, avec $f'_m < 0$ et $f'_k > 0$.

- L'investissement désiré par les entrepreneurs est une fonction de l'incitation à investir, c'est-à-dire de l'écart entre le taux de profit anticipé π^* et le taux d'intérêt réel du marché $[i - (Dp/p)^*]$. Soit

$$I^* = f\{\pi^* - [i - (Dp/p)^*]\}$$

Cette relation implique l'introduction dans l'analyse, de titres portant intérêt, qui constituent une forme supplémentaire d'actifs, en plus de la monnaie et du capital physique. Mais comme leur échange est une simple substitution entre capital et monnaie dans le patrimoine des agents, celui-ci reste inchangé ainsi que les fonctions de consommation et d'épargne.

1.2. Le taux d'inflation anticipé $(Dp/p)^*$ est à présent une fonction de l'écart $(I^*/K - S^*/K)$ sur le marché des produits, I et S étant exprimés en unités de capital. Lorsque cet écart croît, les prix augmentent dans une proportion θ, soit

$$(Dp/p)^* = \theta\,(I^*/K - S^*/K)$$

où θ désigne comme précédemment le coefficient de vitesse d'ajustement par les prix.

1.3. L'investissement et l'épargne désirés ne sont satisfaits que partiellement, en vertu du déséquilibre du marché du produit. De plus l'investissement et l'épargne désirés sont différents de leurs valeurs effectives. Le taux de croissance effectif du stock de capital est obtenu à partir d'une fraction $\rho(I^*/K)$ de l'investissement désiré par unité de capital, et d'une fraction (1- ρ) (S*/K) de l'épargne désirée par unité de capital. DK/K = I/K est alors une combinaison linéaire de I*/K et S*/K.

2.2. Les équations du modèle

2.1) Le marché du travail

$L = L_0 \ell^{nt}$

2.2) Le marché de la monnaie

m = kG[f '(k) + Dp/p]

(cf supra modèle néoclassique)

(Dp/p)* = DM/M – n

2.3) Le marché des produits

Condition de stock

Y = f(k)

Condition de flux

La troisième hypothèse ci-dessus permet d'écrire

DK/K = I/K = ρ(I*/K) + (1- ρ) (S*/K)

Ou encore

DK/K = I/K = ρ(I*/K- S*/K) +S*/K

où ρ désigne le taux d'épargne forcée. Il est donc positif et inférieur à l'unité en situation inflationniste, c'est-à-dire pour I*/K- S*/K > 0. Il est nul en situation déflationniste ou à l'équilibre, soit pour I*/K - S*/K ≤ 0. La condition de flux peut encore s'écrire :

DK/K = ρ/θ.(Dp/p)* + S*/K

Puisque (Dp/p)* = θ (I*/K – S*/K)

2.3. Résolution

A l'équilibre on doit avoir S* = S, (Dp/p)* = DM/M – n d'après l'équation quantitative de la monnaie, et DK/K = n. En substituant dans la condition de flux on a

n = ρ/θ (DM/M – n) + S/K

ou encore

$$n = \rho/\theta\ (DM/M - n) + s\ (y/k)$$

qui est l'équation caractéristique du modèle

2.4. Efficacité de la politique monétaire

2.4.1. Impact sur les variables réelles

Une politique inflationniste va accroître Dp/p d'après l'équation quantitative de la monnaie, ainsi que l'épargne forcée $\rho(DM/M - n)$. Comme n et s sont constants, l'équation caractéristique du modèle ne sera maintenue dans ce cas que si y/k diminue, c'est-à-dire si k augmente (y augmentera également mais moins que proportionnellement). Une politique inflationniste va donc améliorer les valeurs d'équilibre de k et y.

Il importe toutefois de comprendre que c'est l'épargne forcée qui permet d'obtenir ce résultat, puisqu'une augmentation de DM/M tend à diminuer l'épargne désirée. L'efficacité de la politique monétaire dépend donc à présent de l'épargne forcée induite par une politique monétaire inflationniste. Si elle est faible, k et y peuvent baisser. Elle peut être faible parce que les prix ne réagissent pas à une augmentation de DM/M ou de l'écart inflationniste $(I^*/K - S^*/K) > 0$. Le coefficient d'ajustement θ est alors faible.

2.4.2. Stabilité de la croissance

Le coefficient de vitesse d'ajustement par les prix agit donc, dans le modèle complet de Stein, comme un facteur de stabilisation. Pour peu qu'il soit élevé, l'épargne forcée tendra à compenser les effets déstabilisateurs des anticipations des agents en présence d'une politique monétaire inflationniste.

Chapitre VIII

La Croissance optimale

Nous avons jusqu'ici présenté la théorie de la croissance selon une approche positive, en examinant les mécanismes de croissance, ainsi que les principaux courants de pensée sous-jacents. La théorie de la croissance optimale établit un lien entre les théories et les politiques, dans une approche normative, en fournissant des critères de choix des politiques. Il s'agit plus précisément de choisir parmi plusieurs sentiers de croissance possibles, celui qui est le meilleur au regard de critères privés ou collectifs à déterminer. Nous rappellerons d'abord La notion fondamentale de fonction d'utilité intertemporelle ainsi que les outils d'analyse, avant de présenter les grandes lignes de la théorie de la croissance optimale.

VIII.1. La fonction d'utilité intertemporelle

Elle s'écrit

$U = \int_0^T u(q)e^{-it}dt$, où

- U désigne dans l'utilité globale, mesurée en termes de bien-être. Les variations de bien-être sont mesurées par le consentement à payer de l'individu (CAP) pour obtenir un avantage (ou pour éviter une perte), ou par son consentement à accepter une compensation pour renoncer à un avantage (ou pour supporter un coût);
- u(q) = $\int_0^q p(r).rdr$ le flux d'utilité sociale procurée par la quantité q de biens consommée, au prix p, flux actualisé au taux d'escompte social i. Le flux d'utilité sociale est défini comme la somme des surplus des producteurs et des consommateurs ;
- q désigne l'indice d'utilité retenu, ordinal ou cardinal. Dans l'approche ordinale, les indices d'utilité sont utilisés pour construire une échelle de préférences permettant de distinguer entre plusieurs niveaux de bien-être, représentés graphiquement par des courbes d'indifférence. Dans l'approche cardinale, les

indices sont utilisés pour construire un étalon ou une unité de mesure de l'utilité (surplus du consommateur, du producteur, ou des deux) ;

- [0, T] est l'intervalle de temps (ou l'horizon) considéré (ensemble d'individus, de périodes ou de générations);
- i désigne le taux d'escompte social, servant à actualiser le flux d'utilité.
- t désigne le temps, qui est ici la variable d'intégration. La fonction a été progressivement adaptée à l'analyse de l'équité intra et intergénérationnelle, à partir de l'hypothèse traditionnelle d'additivité selon laquelle l'utilité collective est la somme des utilités particulières (individus, périodes générations). Deux corollaires en découlent: les préférences de la société sont semblables à celles des individus;

L'élasticité de l'utilité marginale de l'indice d'utilité est égale à 1, c'est-à-dire que l'augmentation de l'utilité (bien-être) est proportionnelle à celle de l'indice (surplus). Autrement dit, la fonction est homogène de degré 1.

Cette hypothèse traditionnelle a d'abord été critiquée par Rawls (1971)[62], qui propose le critère du maximin (dit critère de Rawls). Dans cette hypothèse la fonction d'utilité sociale s'écrit

$U = \min (U_1, U_2, \ldots.., U_n)$,

où U_1 représente l'utilité de l'individu (ou de la période ou de la génération) 1. Le critère du maximin signifie que le bien-être social est maximisé par la maximisation du bien-être de l'individu (de la période ou de la génération) la moins riche, soit

$\text{Max } U = \max [\min (U_1, U_2, \ldots..., U_n)$.

Solow[63] a ensuite introduit le critère de consommativité. Il actualise un indice de consommativité plutôt que l'utilité, en vertu de l'hypothèse d'élasticité unitaire de l'utilité par apport à l'indice d'utilité. La maximisation intertemporelle du bien-être social est sou-

---

[62] John Rawls, ***A Theory of Justice***. Harvard University Press, Cambridge, 1971.

[63] Robert M. Solow. « Intergenerational Equity and Exhaustible resources », ***Review of Economic Studies***, A symposium, 1974, pp.29-45

mise à la maximisation du niveau de consommation indéfiniment soutenable.

Phelps et Riley[64] ont enfin introduit le critère supplémentaire de générations imbriquées avec altruisme, qui relativise le problème de l'équité intergénérationnel (un s'occupera nécessairement de son fils et lui lèguera ses biens). Ceci n'est valable toutefois que pour des ménages dynastiques, dans lesquels des règles successorales sont clairement définies. Au niveau collectif, la coexistence peut engendrer des conflits de générations

VIII.2. Les outils d'analyse de la croissance optimale

Le calcul des variations est la méthode traditionnelle utilisée pour résoudre les problèmes d'optimisation dynamique. Deux extensions ont été données dans les années 50 à cette méthode de base : d'une part la programmation dynamique (par Richard Bellman), servant à traiter plus particulièrement les modèles stochastiques, et d'autre part le principe du maximum de Pontryagin, plus particulièrement adapté aux problèmes de contrôle optimal. L'objectif de ce paragraphe est de donner un bref aperçu du calcul des variations et du principe du maximum[65].

VIII.2.1. Le calcul des variations

Le calcul des variations peut être considéré comme la généralisation des procédures de maximisation de fonctions de plusieurs variables. On procède ici avec une fonctionnelle, c'est-à-dire une relation entre d'une part la variable x, la fonction y(x) et sa dérivée y'(x), représentant chacune une valeur d'une fonction continue F, et d'autre part un nombre noté I[y(x)], soit

$$I[y(x)] = \int_a^b F(x, y, y')dx$$

[64] Edmmund S. Phelps and John G. Riley. « Rawlsian Growth : Dynamic Programming of Capital and Wealth for Intergenerational 'Maximin' Justice », ***Review of Economic Studies***, Vol 45, 1978, pp. 103-20.

[65] Pour un exposé mathématique rigoureux du calcul des variations du principe du maximum de Pontryagin ainsi que leurs applications économiques, voir Olivier de La Grandville. ***Théorie de la croissance économique.*** Masson, 1977, pp. 382 ss.

L'objectif est de maximiser l'intégrale définie de cette fonctionnelle. Le problème est donc de trouver une valeur de la fonction y = f(x), qui maximise I.

La condition nécessaire de maximisation est celle d'Euler Lagrange. Ce n'est pas la seule mais c'est la plus commode pour déterminer les maxima et minima ***absolus,*** très utiles en économie où les fonctions concaves ou convexes sont d'une importance capitale. Les autres conditions (notamment celles de Legendre et de Weierstrass) ne permettent de déterminer que des maxima et minima relatifs (ou locaux), dans un voisinage donné de la solution d'Euler Lagrange.

Pour établir cette condition, on se donne une fonction η(x) appartenant à la même classe que y(x), et telle que η(a) = η(b) = 0. L'on se donne également un nombre arbitraire α. α. η(x) peut être considéré comme un accroissement de y(x). L'on a donc Δy = α. η(x) et α = Δy /η(x). A cet accroissement de y(x), correspond une valeur de l'intégrale I[y(x)] égale à I[y(x) + α. η(x)]. Si l'on désigne par ΔI[y(x), α. η(x)] l'accroissement subi par l'intégrale, on a

ΔI[y(x), α. η(x)] = I[y(x) + α. η(x)] - I[y(x)]

En désignant par $y_0(x)$ la valeur de y(x) qui maximise I[y(x)], on a

$$\frac{\partial}{\partial \alpha} I\left[y_0(x) + \alpha\eta(x)\right] = 0$$

puisque l'accroissement α est nul au maximum. Posons $y_0(x)$ + α. η(x) = Y(x). Il vient alors

$$I\left[y_0(x) + \alpha\eta(x)\right] = \int_a^b F\left[x, Y(x), Y'(x)\right]dx$$

En dérivant partiellement on a

$$\frac{\partial}{\partial \alpha} I\left[y_0(x)+\alpha\eta(x)\right] = \int_a^b \left[\frac{\partial F}{\partial Y}\cdot\frac{\partial Y}{\partial \alpha} + \frac{\partial F}{\partial Y'}\cdot\frac{\partial Y'}{\partial \alpha}\right]dx = \int_a^b \left[\frac{\partial F}{\partial Y}\cdot\eta(x) + \frac{\partial F}{\partial Y'}\cdot\eta'(x)\right]dx$$

Au maximum, c'est-à-dire pour α = 0, on a

$y_0(x)$ + α. η(x) = Y(x) = $y_0(x)$

On peut écrire

$$\frac{\partial}{\partial\alpha} I[y_0(x)+\alpha\eta(x)] = \int_a^b \left[\frac{\partial F}{\partial y_0}\cdot\eta(x) + \frac{\partial F}{\partial y'_0}\cdot\eta'(x) \right] dx$$

En intégrant par parties le second membre de l'intégrale ∫ on a[66]

$$\int_a^b \frac{\partial F}{\partial y'_0}\cdot\eta'(x) = \left[\frac{\partial F}{\partial y'_0}\cdot\eta(x) \right]_a^b dx - \int_a^b \eta(x)\left[\frac{d}{dx}\cdot\frac{\partial F}{\partial y'_0} \right].$$

En substituant dans l'intégrale il vient

$$\frac{\partial}{\partial\alpha} I[y_0(x)+\alpha\eta(x)] = \int_a^b \frac{\partial F}{\partial y_0}\cdot\eta(x)dx + \left[\frac{\partial F}{\partial y'_0}\cdot\eta(x) \right]_a^b - \int_a^b \eta(x)\left[\frac{d}{dx}\cdot\frac{\partial F}{\partial y'_0} \right] dx$$

Comme η(x) est nul aux bornes d'intégration, on a

$$\left[\frac{\partial F}{\partial y'_0}\cdot\eta(x) \right]_a^b = 0$$

Et en mettant $\int_a^b \eta(x)$ en facteur,

$$\frac{\partial}{\partial\alpha} I[y_0(x)+\alpha\eta(x)] = \int_a^b \eta(x)\left[\frac{\partial F}{\partial y_0} - \frac{d}{dx}\cdot\frac{\partial F}{\partial y'_0} \right] dx$$

qui est maximisé pour

$$\boxed{\frac{\partial F}{\partial y_0} - \frac{d}{dx}\cdot\frac{\partial F}{\partial y'_0} = 0}$$

C'est la condition d'Euler-Lagrange recherchée. Elle signifie que l'effet d'une politique sur la croissance sera optimal s'il y a égalité entre ses effets à long terme (variation de F par rapport à la fonction y), et ses effets à court terme (variation de y par rapport à y')

VIII.2.2. Le principe du maximum de Pontryagin

Le principe du maximum de Pontryagin apparaît comme une généralisation du calcul des variations, à la fois dans la procédure et les applications (notamment en croissance optimale et en contrôle optimal). Dans la procédure en particulier, la généralisation réside dans l'interdépendance entre la fonction objectif et ses dérivées

---

[66] En posant $\frac{\partial F}{\partial y'_0} = u$, et $\eta'(x) = dv$ on sait que d(uv) = udv +vdu. D'où uv = ∫udv + ∫vdu, et $\int_a^b udv = [uv]_a^b - \int_a^b vdu$

successives, alors que dans le calcul des variations le sens de cette détermination est univoque ; la dérivée y'(x) détermine y(x), et cette dernière fonction détermine F. Pour ce faire, une distinction est introduite entre **variables de contrôle** et **variables d'état.** Les variables de contrôle (ou de décision, ou instrumentales) représentent des flux, sur lesquels on agit pour déterminer l'évolution des variables d'état du système, représentant des stocks. Des ensembles (fonctions objectifs ou contraintes) impliquant des variables de contrôle peuvent ainsi dépendre explicitement des dérivées de variables d'état.

Dans le problème posé au début du paragraphe précédent, ceci revient à prendre la fonction y'(x) comme variable de contrôle [notée v(x)], y(x) étant la variable d'état. La différence avec le calcul des variations est que les variables de contrôle peuvent ne pas être continues, ce qui conduit à procéder à des changements de variables pour les fonctions v(t) dans un ***intervalle d'accroissement fini***. Ceci permet de garantir que le système est compatible avec les méthodes de Lagrange, et notamment pour continuer à supposer que les fonctions du système auxquelles appartiennent les v(t) sont continues et deux fois différentiables.

Ceci dit, le problème est formellement assez proche de celui posé précédemment, et consiste à trouver la valeur de v(t) qui maximise la fonctionnelle[67]

$$I[y,v] = \int_0^T F[t, y(t), v(t)]dt$$

sous un système dynamique de contraintes (dynamique parce que décrivant l'évolution de l'économie dans le temps) comprenant en général :

1) une contrainte d'accumulation, qui est une équation différentielle en v(t), décrivant la relation entre la modification de la variable de contrôle, et son impact sur l'évolution de la variable d'état y(t). soit dy/dt = $\dot{y}(t)$ = g [t, y(t), v(t)].

[67] Robert Barro et Xavier Sala-I-Martin. ***La croissance économique.*** Ediscience International, Paris, 1996, pp. 543 ss.

2) une contrainte initiale, qui indique que la variable d'état doit avoir un niveau initial donné (une ***condition initiale***), Soit $y(0) = y_0 > 0$.

3) une contrainte finale, qui indique que la valeur finale de la variable d'état doit être positive ou nulle, soit $\mu(T).y(T) \geq 0$, $\mu(T)$ désignant le multiplicateur de Lagrange associé à la contrainte finale, interprété comme le ***prix implicite*** d'une unité supplémentaire de y(t). Si y désigne par exemple le stock d'actifs, cette contrainte signifie que la valeur de ce stock ne peut pas être négative.

a. Cette contrainte finale est souvent assortie d'une ou plusieurs conditions supplémentaires dites ***de transversalité***, utiles (mais non nécessaires du fait des restrictions habituelles imposées aux fonctions économiques) pour définir le profil du sentier du système.

i. Dans le ***cas d'un horizon fini*** comme ici, cette condition est $\mu(T).y(T) = 0$, et confirme simplement que tous les actifs doivent être utilisés sur l'horizon considéré. Si les fonctions v(t) et y(t) sont concaves, cette condition aux bornes est suffisante mais non nécessaire. Du fait de cette nullité, la contrainte finale est généralement ignorée dans l'optimisation dynamique en horizon fini.

ii. Dans le ***cas d'un horizon infini,*** la condition devient $\lim_{t\to\infty}[\mu(t).y(T)] = 0$. Ceci signifie que la valeur (l'utilité) du stock d'actifs détenu par le ménage doit tendre vers 0, le ménage ayant intérêt à utiliser l'intégralité de ces actifs pour accroître la consommation avant la date limite de fin de période. Dans ce second cas également la contrainte finale est souvent ignorée, car non nécessaire.

On peut résumer comme suit la procédure de détermination des conditions de premier ordre, en se limitant au cas d'un horizon fini :

1. Formulation du Hamiltonien.

Le Lagrangien du problème ci-dessus s'écrit

$$L = \int_0^T F[t, y(t), v(t)]dt + \int_0^T \left\{ \lambda(t) \cdot [g[t, y(t), v(t)] - \dot{y}(t)] \right\} dt + \mu(T) \cdot y(T)$$

où λ et μ sont les multiplicateurs de Lagrange associés respectivement aux contraintes d'accumulation et finale. On remarque que pour appliquer la procédure classique de maximisation sous contrainte ici, c'est-à-dire dériver L par rapport à v(t) et y(t), il faut prendre la dérivée de $\dot{y}(t)$ par rapport à y(t), ce qui est impossible. Pour contourner cette difficulté, on intègre par parties le terme $\lambda.\, \dot{y}(t)$, soit

$$\int_0^T (\dot{y}) \cdot \lambda dt = \int_0^T \frac{d}{dt} \cdot [y(t) \cdot \lambda] dt + \int_0^T (\dot{\lambda}) \cdot y(t) = y(T)\lambda(T) - y(0)\lambda(0) - \int_0^T (\dot{\lambda}) \cdot y(t)$$

On a donc en substituant dans L

$$L = \int_0^T \{F[t, y(t), v(t)] + \lambda(t) \cdot g[t, y(t), v(t)]\} dt + \int_0^T (\dot{\lambda}) \cdot y(t) dt + y(0)\lambda(0) - \lambda(T) y(T) + \mu(T) y(T)$$

Le ***Hamiltonien*** est l'expression sous la première intégrale, soit

$$\boxed{H(t, y, v, \lambda) = F[t, y(t), v(t)] + \lambda(t) \cdot g[t, y(t), v(t)]}$$

expression qui commande L, les autres termes étant nuls (λ = cte, et les autres termes correspondent aux conditions aux bornes et de transversalité en horizon fini). L'interprétation économique en a été donnée par Dorfman[68]. F représente la contribution d'un choix de v(t) aux profits de l'entreprise [y(t) inclut tous les actifs productifs et dépend de la consommation]. λ(t).g est la valeur de l'accroissement du stock de capital (g = $\dot{y}$, au prix implicite λ). H est donc la contribution totale d'une politique d'investissement à l'utilité totale. Il s'agit par conséquent de trouver les valeurs qui maximisent cette contribution, autrement dit de déterminer le système d'équations différentielles (ou ***équations canoniques***) auquel correspondent les trajectoires optimales.

2. Détermination des équations canoniques (ou des conditions de premier ordre)

On se donne un intervalle de variation de v(t), et on calcule la modification qui en résulte pour H, étant entendu qu'à l'optimum cette modification est nulle. On peut simplifier le problème en prenant des variations suffisamment petites pour que les accroissements finis soient assimilables à des dérivées. Il s'agit de dériver partiellement H

[68] Robert Dorfman. « An Economic Interpretation of Optimal Control Theory », ***American Economic Review***, Vol 59, N° 5, Décembre 1969,pp. 817-31.

Par rapport à v(t) et y(t), et d'égaliser à 0 et (- $\dot{\lambda}$), respectivement. Soit le système d'équations canoniques

$$\begin{cases} \dfrac{\partial H}{\partial v} = 0 & (1) \\ \dfrac{\partial H}{\partial y} = -\dfrac{d\lambda}{dt} & (2) \end{cases}$$

La première équation donne $\frac{\partial F}{\partial v} + \lambda \cdot \frac{\partial g}{dv} = 0$. Son interprétation économique est la suivante : une politique optimale correspond à l'annulation de ses effets à court et long termes. Si ce n'était pas le cas, le principe du maximum ne serait pas vérifié, car cela signifierait qu'il existe des valeurs de v pour lesquelles ces effets sont plus élevés.

La seconde équation donne $-\dot{\lambda} = \frac{\partial F}{\partial y} + \lambda \cdot \frac{\partial g}{\partial y}$. Elle signifie qu'une politique optimale correspond à l'égalisation de la décroissance des gains en capital sur les actifs (leur prix implicite) et des avantages à court et long termes procurés par l'utilisation de ces actifs (accroissement de F), et par L'accroissement de la valeur du stock d'actifs (variation de g = $\dot{y}$).

3. Conditions aux bornes et de transversalité

Avec un horizon fini, nous avons deux conditions de transversalité :

(1) une condition spécifique au problème posé, que nous avons déjà vue, et qui apparaît dans le Lagrangien : $\mu(T)y(T) = 0$

(2) Une générale, qui est toujours suffisante, même si elle n'est pas nécessaire. Elle indique que la valeur du Hamiltonien est nulle à la date T : soit $H(T,y,v,\lambda) = 0$

On a également deux conditions aux bornes : une condition initiale $\lambda(0)\ y(0) = 0$, et une condition finale $\lambda(T)y((T) = 0$

VIII.3. La théorie fondamentale de la croissance optimale : le modèle de Ramsey[69]

Il s'agit d'une généralisation de la ***règle d'or*** de l'accumulation de Phelps[70] pour le modèle de croissance néoclassique. L'objectif du modèle est en effet non pas seulement de déterminer le taux d'épargne qui fait converger le taux d'intérêt vers le taux de croissance (règle d'or), mais aussi celui qui offre le niveau maximum d'utilité. Il y a donc un arbitrage entre consommation et épargne. L'utilité est mesurée par un indice d'utilité (ici la consommation par tête) qui est la variable de la fonction d'utilité. Il s'agit donc de déterminer la politique d'épargne qui maximise la fonction d'utilité. Nous examinons successivement les hypothèses et la résolution du modèle[71].

VIII.3.1. Les hypothèses du modèle

1. Les hypothèses relatives au comportement des ménages

1.1 Le rôle des ménages est défini de la manière suivante : Ils offrent leur travail aux entreprises en contrepartie d'un salaire, avec lequel ils achètent et consomment les biens produits par les entreprises. Ils accumulent l'épargne sous forment d'actifs, lesquels produisent un intérêt en contrepartie des prêts qu'ils font aux entreprises.

1.2 La taille du ménage croît à un taux constant et exogène (n). Chaque ménage possède au moins un membre dans la population active. Au temps t = 0 la taille du ménage est donnée par $L(t) = e^{nt}$. Avec une consommation par tête $c(t) = C(t)/L(t)$, la fonction d'utilité globale du ménage est

---

[69] Frank Ramsey, « A Mathematical Theory of Saving », ***Economic Journal***, Vol 38, Décembre 1928, pp. 543-59

[70] Cette règle s'établit maximisant la consommation par tête sous la contrainte d'équilibre néoclassique. Soit

Max $c = f(k) - s.\ f(k)$

SC $s.\ f(k) = n.\ k$

On peut écrire Max $c = f(k) - n.k$.

On détermine la règle d'or en différentiant et en égalisant à 0, soit $dc/dk = f'(k) - n = 0$ et $f'(k) = n$. Comme $f'(k) = i$ (théorème d'Euler), on a $\boxed{i = n}$

[71] Nous nous référons essentiellement de la présentation de Robert Barro et Xavier Sala-I-Martin dans ***La croissance économique***, ouvrage déjà cité.

$$U = \int_0^T u[c(t)]e^{-\rho t} \cdot e^{nt} dt \text{ ou}$$

$$U = \int_0^T u(c)e^{-(\rho-n)t} dt$$

Un horizon temporel fini [0,T] implique que dans la fonction d'utilité ci-dessus ρ > n et que c est constant. La fonction d'utilité U est homogène, et possède une élasticité de substitution intertemporelle constante et unitaire.

1.3 Le taux de préférence pour le présent (ρ) est nul (ρ = 0) à l'optimum social, mais positif au niveau des ménages (ρ > 0) c'est-à-dire que les unités d'utilité ont d'autant moins de valeur qu'elles sont éloignées dans le temps. Comme corollaire, la génération actuelle est myope, c'est-à-dire qu'elle ne tient pas compte des générations futures dans la maximisation de son utilité. Toutefois l'additivité postulée de la fonction d'utilité conduit à supposer que ρ est identique pour les individus et les différentes générations.

1.4 Les ménages détiennent deux types d'actifs, le capital (sous forme de droits de propriété) et les prêts, parfaitement substituables et ayant le même taux de rendement réel r(t). Les actifs réels par tête du ménage, mesurés en unités de consommation, sont désignés par a(t).

1.5 Les ménages sont preneurs de prix, et considèrent comme donnés le taux d'intérêt r(t) et le taux de salaire ω(t). L'offre de travail par unité de temps est constante, et entièrement utilisée à l'équilibre, si bien qu'il n'y a pas de chômage involontaire. Le revenu total par tête du ménage est donc donné par le revenu du travail ω, et le revenu financier ra (qui peut être négatif). On peut ainsi écrire la contrainte budgétaire du ménage sous la forme

$$da/dt = \omega + ra - c - na$$

$$= \omega + (r-n)a - c$$

Les actifs par tête sont donc une fonction croissante du revenu par tête (ω + ra), une fonction décroissante de la consommation par tête c, ainsi que de la croissance de la population (proportion na).

2 Le marché du crédit est soumis à la contrainte d'emprunt

$$\lim_{t\to\infty}\left\{a(t)\cdot\exp\left[-\int_0^t[r(v)-n]dv\right]\right\}\geq 0$$

Ceci signifie que la valeur actuelle des actifs doit être positive ou nulle lorsque t tend vers l'infini. On élimine ainsi la possibilité de financer son endettement par un nouvel emprunt, puisque l'endettement par tête du ménage ne peut croître à un taux supérieur à (r-n), ni par conséquent aussi vite que r(t).

2. Les hypothèses relatives au comportement des entreprises

Le rôle des entreprises dans le modèle est défini de la manière suivante : elles produisent des biens, versent des salaires et des intérêts aux ménages pour l'utilisation du travail et du capital.

2.1 Le comportement des entreprises est décrit par une fonction de production $Y = F[K,\alpha(t)\cdot L]$,

ayant les mêmes propriétés que la fonction néoclassique, notamment la constance des rendements d'échelle et la décroissance des productivités marginales. $\alpha(t)$ est un indice de progrès technique neutre au sens de Harrod et croissant au taux m, tel que $\alpha(t)=\alpha(0)\ell^{mt}$ avec la convention habituelle $\alpha(0) = 1$. Soit en écriture par tête $\overline{y}=f(\overline{k})$, où $\overline{y}=y\ell^{-mt}$ et $\overline{k}=k\ell^{-mt}$ sont les unités efficaces de produit et de capital par tête. On vérifie que les productivités marginales s'écrivent, en posant : $\overline{y}=\frac{Y}{\overline{L}}=f(\overline{k},)$ et $Y=\overline{L}\,f(\overline{k})$:

$$\frac{\partial Y}{\partial K}=f'(\overline{k})^{72} \text{ et } \frac{\partial Y}{\partial L}=\left[f(\overline{k})-\overline{k}\cdot f'(\overline{k})\right]\ell^{mt\,73}$$

---

[72] En posant Y = uv et dY = udv + v du. On a alors $dY=\overline{L}\cdot f'(\overline{k})+f(\overline{k})d\overline{L}$. D'où $\frac{dY}{dK}=\overline{L}\frac{df}{dK}+f(\overline{k})\frac{d\overline{L}}{dK}\cdot f(\overline{k})\frac{d\overline{L}}{dK}$ est nul et $\frac{df}{dK}$ est composite, soit $\overline{L}\frac{df}{dK}=\overline{L}\frac{df}{d\overline{k}}\cdot\frac{d\overline{k}}{dK}$.

Comme par ailleurs $\frac{d\overline{k}}{dK}=\frac{1}{\overline{L}}$ on peut écrire $\frac{dY}{dK}=\overline{L}\frac{df}{d\overline{k}}\cdot\frac{1}{\overline{L}}=f'(\overline{k})$

[73] On peut en effet écrire comme précédemment

2.2. Les coûts d'ajustement au changement, tels que les coûts d'installation des machines ou de formation du capital humain, ne sont pas inclus dans les coûts en capital. Ceux-ci n'incluent que les intérêts versés aux ménages, lesquels sont proportionnels au stock de capital K. Ceci permet de préserver la convergence néoclassique caractéristique de la croissance exogène dans le modèle simple de Ramsey. Cette convergence serait en effet ralentie par la prise en compte des coûts d'ajustement.

2.3. L'économie comporte un seul secteur. Le produit est donc homogène, et peut servir à la production ou à la consommation.

2.4. Le flux de profits de l'entreprise est $P = F(K,\overline{L}) - (r+\delta)\cdot K - \omega L$, où δ est le taux de dépréciation du stock de capital. Le taux de rendement net versé au ménage pour une unité de capital est (R-δ), égal à l'équilibre au taux d'intérêt (r) des prêts effectués par les ménages, soit R = r + δ. (r + δ)K désigne les coûts du capital, et ωL les coûts salariaux. Sous la contrainte R = r + δ, le problème de l'entreprise est donc de ***maximiser son profit net courant, et non actualisé***, puisque le profit n'inclut pas d'élément intertemporel tel que les coûts d'ajustement. En écriture par tête et avec un progrès technique neutre de Harrod, le profit de l'entreprise devient :

$$P = \overline{L}\left[f(\overline{k}) - (r+\delta)\cdot \overline{k} - \omega \cdot \ell^{-mt} \right]$$

VIII.3.2. La résolution du modèle

Nous déterminerons successivement l'équilibre des ménages, celui des entreprises, et l'équilibre du marché.

$$\frac{dY}{dL} = \overline{L}\cdot\frac{df}{dL} + f(\overline{k})\cdot\frac{d\overline{L}}{dL} = \overline{L}\cdot\frac{df}{d\overline{k}}\cdot\frac{d\overline{k}}{dL} + f(\overline{k})\ell^{mt}$$

De même, $\frac{d\overline{k}}{dL} = \frac{d\overline{k}}{d\overline{L}}\cdot\frac{d\overline{L}}{dL}$. avec $\overline{k} = K\overline{L}^{-1}$ et $\frac{d\overline{k}}{d\overline{L}} = K(-1)\overline{L}^{-2}$. On a donc $\frac{d\overline{k}}{dL} = K(-1)\overline{L}^{-2}\cdot\ell^{mt}$

et $\frac{dY}{dL} = f(\overline{k})\ell^{mt} - \overline{L}\cdot f'(\overline{k})K\cdot\overline{L}^{-2}\ell^{mt} = f(\overline{k})\ell^{mt} - \overline{k}\cdot f'(\overline{k})\ell^{mt} = \left[f(\overline{k}) - \overline{k}\cdot f'(\overline{k})\right]\ell^{mt}$

1. L'équilibre des ménages

Avec la fonction objectif et la contrainte données pour les ménages, le Hamiltonien s'écrit :

$$H = u(c) \cdot e^{-(\rho - n)t} + \lambda[\omega + (r - n)a - c]$$

où λ est un multiplicateur de Lagrange, désignant ici le prix implicite actualisé d'une unité supplémentaire de revenu net du ménage (la contrainte budgétaire du ménage entre crochets). Les équations canoniques sont $\begin{cases} \dfrac{\partial H}{\partial c} = u'(c) \cdot e^{-(\rho - n)t} - \lambda = 0 \\ \dot{\lambda} = -\dfrac{\partial H}{\partial a} \end{cases}$

ce qui donne

$$\begin{cases} \lambda = u'(c) \cdot e^{-(\rho - n)t} \\ \dot{\lambda} = -\lambda(r - n) \end{cases}$$

La résolution de ce système fournit la ***règle de Ramsey*** *pour l'optimisation des choix intertemporels de consommation et d'épargne.* En dérivant la première équation par rapport à t, et en éliminant $\dot{\lambda}$ dans les deux relations, on a

$$\frac{d\lambda}{dt} = \dot{\lambda} = \frac{du'(c)}{dc} \cdot \frac{dc}{dt} \cdot e^{-(\rho - n)} - (\rho - n) \cdot e^{-(\rho - n)} u'(c)$$

$$= -\lambda(r - n) = -u'(c) \cdot e^{-(\rho - n)}(r - n)$$

Soit en simplifiant

$$u''(c) \cdot \dot{c} - u'(c)(\rho - n) = -u'(c)(r - n)$$

En divisant les deux membres par u'(c) on a

$$\left[-\frac{u''(c)}{u'(c)} \cdot \dot{c}\right] = r - \rho$$

En multipliant et en divisant le membre de gauche par c, on a finalement

$$\boxed{\left[-\frac{u''(c)}{u'(c)} \cdot c\right] \cdot \frac{\dot{c}}{c} = r - \rho}$$

Le membre de gauche indique le taux de décroissance de l'utilité marginale de c en proportion de c (terme entre crochet), due à une augmentation de la consommation [(dc/dt)/c]. La règle de Ramsey indique donc qu'à l'optimum cette perte d'utilité doit être compensée par un taux d'intérêt (r) supérieur au taux de préférence pour le présent (ρ), qui rende l'épargne plus attrayante que la consommation. $[-\frac{u''(c)}{u'(c)}\cdot c]$ désigne ***l'élasticité de l'utilité marginale u'(c) par rapport à c***, notée (– θ), et définie comme l'inverse de ***l'élasticité intertemporelle de substitution σ***[74].

Cette élasticité est, par hypothèse, constante et unitaire sur le sentier d'équilibre dans le modèle de Ramsey. Cette propriété permet d'écrire la fonction d'utilité classique sous la forme d'une ***fonction d'utilité à élasticité de substitution intertemporelle constante***, soit $u(c)=\frac{c^{(1-\theta)}-1}{(1-\theta)}$. La fonction globale d'utilité intertemporelle devient

$$\boxed{U=\int_0^T[\frac{c^{(1-\theta)}-1}{(1-\theta)}\cdot e^{-(\rho-n)t}]dt}$$

La règle de Ramsey peut alors se réécrire, en substituant (– θ) au terme entre crochets,

$$\boxed{\frac{\dot{c}}{c}=\left[\frac{1}{\theta}\right]\cdot(r-\rho)}$$

2. L'équilibre des entreprises

Avec la fonction objectif

$$P=F(K,\overline{L})-(r+\delta)\cdot K-\omega L$$

et la contrainte définies plus haut pour l'entreprise, le niveau du profit dépend de manière cruciale de la valeur de ω. Il peut être positif, négatif ou nul. Le théorème d'Euler nous suggère toutefois que la

[74] On vérifie en effet que $-[\frac{du'(c)}{dt}\cdot\frac{1}{u'(c)}\Big/\frac{dc}{dt}\cdot\frac{1}{c}]=-[\frac{du'(c)}{dc}\cdot\frac{dc}{dt}\cdot\frac{1}{u'(c)}\cdot\frac{dt}{dc}\cdot c]=-[\frac{u''(c)}{u'(c)}\cdot c]$.

En posant $\frac{u''(c)}{u'(c)}\cdot c=\theta\succ 0$, *On en déduit* $\sigma=-\frac{1}{\theta}=\left[-\frac{u''(c)}{u'(c)}c\right]^{-1}$

dernière éventualité prévaut en équilibre concurrentiel, et que ω doit être tel que le profit soit nul. Ce théorème implique d'une part que ω soit égal au produit marginal du travail et que le produit marginal du capital f '(k) soit égal à son prix (r + δ), et d'autre part que la somme des rémunérations des facteurs, $(r+\delta)\cdot K+\omega L$, soit égale au produit, c'est-à-dire aux recettes totales. Le profit en écriture par tête et avec un progrès technique neutre de Harrod, soit

$$P=\bar{L}\left[f(\bar{k})-(r+\delta)\cdot\bar{k}-\omega\cdot\ell^{-mt}\right],$$

s'annule en effet pour

$\omega=\left[f(\bar{k})-\bar{k}.f'(\bar{k})\right]\ell^{mt}$, avec f '(k) = r +δ. Le membre de droite de l'équation définissant le taux de salaire n'est rien d'autre que la productivité marginale du facteur travail, telle que définie plus haut dans les hypothèses relatives au comportement des entreprises. La valeur d'équilibre de ω n'est donc définie que pour f '(k) = r +δ.

3. L'équilibre du marché : La croissance équilibrée à taux constant

En combinant l'équilibre des ménages et celui des entreprises, nous pouvons à présent déterminer l'équilibre du marché. Pour cela on forme le système d'équations différentielles qui permet de déterminer les sentiers d'équilibre de $\bar{c}$ et $\bar{k}$ (unités efficaces de consommation et du capital par tête).

La première équation différentielle est déduite de la contrainte budgétaire des ménages définie plus haut, soit

$$\frac{da}{dt}=\dot{a}=\omega+ra-c-na\cdot$$

On suppose en effet qu'en économie fermée, la dette des ménages est nulle à l'équilibre, c'est-à-dire que tout le stock de capital est possédé par les adultes résidents, si bien que les actifs par adulte (a) sont égaux au capital par tête (k). On peut donc poser que

$$\dot{k}=\dot{a}=\omega+rk-c-nk$$

En remplaçant ω et r par leurs valeurs il vient

$$\dot{k}=\left[f(\bar{k})-\bar{k}\cdot f'(k)\right]\ell^{mt}+\left[f'(k)-\delta\right]k-c-nk$$

ou

$\dot{k} = f(\bar{k})\ell^{mt} - \delta k - c - nk$

Par ailleurs

$$\frac{\dot{\bar{k}}}{\bar{k}} = \frac{d\bar{k}}{dt} / \bar{k} = \frac{d\left[k\ell^{-mt}\right]}{dt} / \bar{k} = \frac{\dot{k}\ell^{-mt} - m\ell^{-mt}\cdot k}{k\ell^{-mt}} = \frac{\dot{k}}{k} - m$$

En multipliant par $\bar{k}$ il vient

$$\dot{\bar{k}} = \dot{k}\ell^{-mt} - m\bar{k}$$

En remplaçant $\dot{k}$ par sa valeur on obtient

$$\dot{\bar{k}} = f(\bar{k}) - \delta\bar{k} - \bar{c} - n\bar{k} - m\bar{k}$$

ou

$$\dot{\bar{k}} = f(\bar{k}) - \bar{c} - (n + m + \delta)\cdot\bar{k} \qquad (1)$$

Cette équation permet de déterminer l'évolution de $\bar{k}$ dans le temps, tel que $\bar{y} = f(\bar{k})$

La seconde équation différentielle est déduite, quant à elle, de la définition néoclassique de l'épargne, laquelle implique une fonction d'épargne (et de consommation) proportionnelle, telle que le taux d'épargne s soit constant. Soit en écriture par tête y = c + sy, ou c = f(k) – s.f (k). On en déduit $\bar{c} = (1 - s)f(\bar{k})$. On sait qu'à l'optimum dans le modèle de Ramsey, la consommation par tête des ménages évolue selon la règle

$$\boxed{\frac{\dot{c}}{c} = \left[\frac{1}{\theta}\right]\cdot(r - \rho)}$$

En posant

$r = f'(k) - \delta$

et

$\bar{c} = c\ell^{-mt}$

on peut écrire comme précédemment pour k,

$$\frac{\dot{\bar{c}}}{\bar{c}} = \frac{\dot{c}}{c} - m = \frac{1}{\theta}\left[f'(\bar{k}) - \delta - \rho - m\theta\right] \qquad (2)$$

Les équations (1) et (2) forment un système en $\bar{c}$ et $\bar{k}$ qui, associé à la condition initiale $\bar{k}(0)$ et la condition de transversalité, permet de déterminer les sentiers de croissance de $\bar{c}$ et $\bar{k}$.

La condition de transversalité

La condition générale de transversalité définie plus haut dans le cas d'un horizon infini, prend ici la forme : $\lim_{t\to\infty}[\lambda(t).a(t)] = 0$, où le multiplicateur de Lagrange (λ) désigne le prix implicite et a les actifs par ménage. Rappelons que cette condition indique que la valeur du stock d'actifs détenu par le ménage doit tendre vers 0, le ménage pouvant utiliser ces actifs pour accroître sa consommation (son utilité) sur la période.

En intégrant par rapport au temps l'équation différentielle du prix implicite déduite des conditions du premier ordre, soit $\dot{\lambda} = -\lambda(r-n)$, on obtient

$$\lambda(t) = \lambda(0)\exp\left\{-\int_0^t [r(\lambda)-n]d\lambda\right\}$$

En substituant dans la condition de transversalité on a

$$\lim_{t\to\infty}\left\{a(t)\cdot\exp\left[-\int_0^t [r(\lambda)-n]d\lambda\right]\right\} = 0$$

Ceci peut s'exprimer en termes d'unités efficaces de k, en posant a = k, et $\bar{k} = k\ell^{-mt}$. On obtient

$$\lim_{t\to\infty}\left\{\bar{k}\cdot\exp\left[-\int_0^t [f'(\bar{k})-\delta-m-n]d\lambda\right]\right\} = 0$$

Cette condition signifie que $\bar{k}$ tend par valeurs positives vers son niveau d'équilibre, lequel est constant dans les hypothèses du modèle néoclassique. ***Avant la limite***, la condition de transversalité implique donc que l'expression entre accolade soit positive, c'est-à-dire que le taux de rendement $r = f'(\bar{k}) - \delta$ soit supérieur au taux de croissance naturel (m+n).

4. Le diagramme des phases

Les propriétés néo-classiques du modèle de croissance optimale permettent d'étudier graphiquement la dynamique de l'équilibre, en supposant que les lieux des points d'équilibre sont définis dans le plan $\bar{c}$ (ordonnées) et $\bar{k}$ (abscisses) par les courbes $\dot{\bar{c}} = 0$ et $\dot{\bar{k}} = 0$. Ceci signifie que les taux de croissance de $\bar{c}$ et $\bar{k}$ doivent être nuls à l'équilibre (croissance équilibrée à taux constant).

Pour démontrer cette propriété, on réécrit l'équation différentielle en $\dot{\bar{k}}$ sous la forme

$$\bar{c} = f(\bar{k}) - (m + n + \delta) \cdot \bar{k} - \dot{\bar{k}}$$

ou, à l'équilibre,

$$\bar{c} = f(\bar{k}) - (m + n + \delta) \cdot \bar{k} - \bar{k} \cdot (\gamma_{\bar{k}})^*,$$

avec $\gamma_{\bar{k}} = \frac{d\bar{k}}{dt} \cdot \frac{1}{\bar{k}} = \frac{\dot{\bar{k}}}{\bar{k}}$, et $(\gamma_{\bar{k}})^*$ désignant le taux de croissance d'équilibre de $\bar{k}$.

En dérivant par rapport au temps on obtient

$$\dot{\bar{c}} = \dot{\bar{k}} \cdot \left\{ f'(\bar{k}) - \left[m + n + \delta + (\gamma_{\bar{k}})^* \right] \right\}, \text{ avec}$$

$$\frac{df(\bar{k})}{dt} = \frac{df}{d\bar{k}} \cdot \frac{d\bar{k}}{dt} = f'(\bar{k}) \cdot \dot{\bar{k}} \frac{n!}{r!(n-r)!}$$

Cette condition implique que $(\gamma_{\bar{k}})^*$ et $(\gamma_{\bar{c}})^*$ soient de même signe, puisque l'expression entre accolade est positive d'après la condition de transversalité. Ceci implique à son tour que ces deux taux de croissance soient nuls. En effet pour $(\gamma_{\bar{k}})^* > 0$, $\bar{k}$ tend vers l'infini et sa productivité marginale $f'(\bar{k})$ tend vers 0. Dans ce cas l'expression du taux de croissance de $\bar{c}$ implique que $(\gamma_{\bar{c}})^* < 0$. A l'inverse lorsque $(\gamma_{\bar{k}})^* < 0$, $\bar{k}$ tend vers 0 et $f'(\bar{k})$ tend vers l'infini. Dans ce cas l'expression du taux de croissance de $\bar{c}$ implique que $(\gamma_{\bar{c}})^* > 0$. La seule possibilité est donc $(\gamma_{\bar{k}})^* = (\gamma_{\bar{c}})^* = 0$, c'est-à-dire que les variables par tête en unités efficaces ($\bar{k}$, $\bar{c}$ et $\bar{y}$) sont constantes à l'équilibre. Ce résultat implique ceux du modèle néo-classique de base, à savoir que les variables par tête en unités physiques (k, c et y) doivent croître au taux m du progrès technique, et les variables globales (K, C et Y) au taux naturel (m + n) [75].

La courbe $\dot{\bar{k}} = 0$ du graphique 31 est déterminée en posant

$$\dot{\bar{k}} = f(\bar{k}) - \bar{c} - (m+n+\delta)\cdot\bar{k} = 0\,.$$

On en déduit

$$\bar{c} = f(\bar{k}) - (m+n+\delta)\cdot\bar{k}\,,$$

qui décrit une parabole passant par un maximum pour $f'(\bar{k}) = \delta + m + n$, ou $f'(\bar{k}) - \delta = m + n$, c'est-à-dire pour un taux de rendement du capital (taux d'intérêt) égal au taux de croissance naturel. Ce maximum correspond à la **croissance optimale** telle que la consommation par travailleur effectif ($\bar{c}$) soit maximale. La valeur correspondante du capital par tête est symbolisée par $\bar{k}^{**}$ sur le graphique. On retrouve alors **la règle d'or de l'accumulation** néo-classique de Phelps. **La courbe** $\dot{\bar{k}} = 0$ **partage plan** $\bar{c}$ **et** $\bar{k}$ **en deux régions : pour les valeurs de** $\bar{c}$ **situées au dessus de la courbe on a** $\dot{\bar{k}} \prec 0$, **et** $\dot{\bar{k}} \succ 0$ **en dessous.**

La courbe $\dot{\bar{c}} = 0$ est déterminée en posant

$$\frac{\dot{\bar{c}}}{\bar{c}} = \frac{1}{\theta}\left[f'(\bar{k}) - \delta - \rho - m\theta\right] = 0$$

On en déduit

$$f'(\bar{k}) - \delta - \rho - m\theta = 0$$

ou

$$f'(\bar{k}) - \delta = \rho + m\theta$$

Ceci signifie que le taux d'intérêt d'équilibre (membre de gauche) est égal au taux d'actualisation effectif (membre de droite). mθ décrit l'utilité marginale décroissante de la consommation due à la

---

[75] On a en effet $D\bar{k}/\bar{k} = Dk/k - m$. Si DK/K = m + n on aura Dk/k = DK/K – DL/L = m + n – n et $D\bar{k}/\bar{k} = (m+n) - (m+n) = 0$

croissance de la consommation au taux m. Pour $\dot{\bar{c}} = 0$, on aura c constant, et θ = 0 (élasticité nulle). On en déduit $f'(\bar{k}) = \delta + \rho = cte$, quel que soit $\bar{c}$. C'est-à-dire que $\dot{\bar{c}} = 0$ est vérifiée pour une valeur d'équilibre $\bar{k}^*$ de $\bar{k}$, indépendamment de $\bar{c}$. $\dot{\bar{c}} = 0$ est donc une droite verticale passant par $\bar{k}^*$, et déterminant par son intersection avec la courbe $\dot{\bar{k}} = 0$, la valeur d'équilibre $\bar{c}^*$ de $\bar{c}$. Les propriétés de la fonction de production néo-classique garantissent que le point $\bar{k}^*$ est unique, et se trouve à gauche de $\bar{k}^{**}$ où $f'(\bar{k})$ s'annule. **La droite verticale $\dot{\bar{c}} = 0$ partage le plan $\bar{c}$ et $\bar{k}$ en deux régions : pour les valeurs de $\bar{k}$ à droite de $\bar{k}^*$ ($\bar{k} \succ \bar{k}^*$) on a $\dot{\bar{c}} \prec 0$, et $\dot{\bar{c}} \succ 0$ à gauche de $\bar{k}^*$ ($\bar{k} \prec \bar{k}^*$).**

En combinant les deux courbes $\dot{\bar{k}} = 0$ et $\dot{\bar{c}} = 0$, on divise le plan en quatre régions, dont chacune correspond à un type d'évolution de $\bar{c}$ et $\bar{k}$ vers l'équilibre, à partir d'une condition initiale $\bar{k}(0)$ donnée. Des flèches sont utilisées pour indiquer ces évolutions, parallèlement à l'axe de la variable considérée. Ainsi une flèche pointée vers le haut (le bas) indique une croissance (une décroissance) de $\bar{c}$ (ordonnées), tandis qu'une flèche pointée vers la droite (vers la gauche) indique une croissance (une décroissance) de $\bar{k}$ (abscisses).

- Dans la région I, on a $\dot{\bar{c}} \prec 0$ et $\dot{\bar{k}} \prec 0$.
- Dans la région II, on a $\dot{\bar{c}} \succ 0$ et $\dot{\bar{k}} \prec 0$.
- Dans la région III, on a $\dot{\bar{c}} \succ 0$ et $\dot{\bar{k}} \succ 0$.
- Dans la région IV, on a $\dot{\bar{c}} \prec 0$ et $\dot{\bar{k}} \succ 0$.

Le diagramme des phases ci-dessous décrit les trois types de cheminements possibles, pour une condition initiale $\bar{k}(0) \prec \bar{k}^*$ et différents niveaux initiaux de $\bar{c}$:

1. **La trajectoire optimale (1)** correspond à celle issue de l'origine et passant par le point des valeurs initiales $[\bar{k}(0), \bar{c}(0)]$ et le point-selle à l'intersection (C) de $\dot{\bar{k}} = 0$ et $\dot{\bar{c}} = 0$. L'existence de ce point-selle découle de la répartition des champs de forces dans le diagramme des phases, telle que la trajectoire converge vers C de part

et d'autre. Le **théorème dit du « turnpike » ou théorème de convergence** résume cette idée. Lorsque les conditions initiales ne se prêtent pas à une croissance équilibrée à taux constant, la croissance optimale sera telle qu'elle converge asymptotiquement vers une croissance équilibrée à taux constant

2. **La trajectoire (2)** correspond à un **niveau initial de** $\bar{c}$ **supérieur à** $\bar{c}(0)\,[\bar{c}(0)_1\,]$. Elle croît d'abord en $\bar{c}$ et $\bar{k}$ (région III), puis coupe $\dot{\bar{k}} = 0$ et continue à croître en $\bar{c}$ tout en décroissant en $\bar{k}$ (région II). L'interprétation en est que le niveau initial de l'épargne est trop faible pour que l'économie reste sur le sentier stable défini par la trajectoire optimale.

3. **La trajectoire (3)** correspond à un **niveau initial de** $\bar{c}$ **inférieure à** $\bar{c}(0)\,[\bar{c}(0)_2\,]$. Elle croît d'abord en $\bar{c}$ et $\bar{k}$ (région III), puis coupe $\dot{\bar{c}} = 0$ et continue à croître en $\bar{k}$ tout en décroissant en $\bar{c}$ (région IV). $\bar{k}$ croît jusqu'à la frontière de la région IV, où $\dot{\bar{k}} = 0$ coupe l'axe des abscisses ($\bar{k} = 0$), excédant au passage la valeur de règle d'or $\bar{k}^{**}$. L'interprétation est que les ménages épargnent trop et donc que leur utilité est insuffisante pour rester sur le sentier stable, la condition de transversalité n'étant plus vérifiée au-delà de la valeur d'équilibre stable $\bar{k}^*$.

On peut compléter cette typologie des différentes dynamiques dans le diagramme des phases en considérant les trajectoires (2') et (3') :

1. **La trajectoire (2')** correspond pour ainsi dire au cas symétrique de (2). Partant de la région I, avec $\bar{k}(0) \succ \bar{k}^*$ et $\bar{c}(0)$ inférieur à sa valeur sur le sentier-selle. On voit alors que la trajectoire décroît d'abord en $\bar{c}$ et $\bar{k}$, puis coupe $\dot{\bar{k}} = 0$ et continue à décroître en $\bar{c}$ tout en croissant en $\bar{k}$ (région II).

2. **La trajectoire (3')** correspond pour ainsi dire au cas symétrique de (3). Partant de la région I avec $\bar{k}(0) \succ \bar{k}^*$ et $\bar{c}(0)$ supérieur à sa valeur sur le sentier-selle). On voit alors que la trajectoire décroît d'abord en $\bar{c}$ et $\bar{k}$, puis coupe $\dot{\bar{c}} = 0$ et continue à décroître en $\bar{k}$ tout en croissant en $\bar{c}$ (région II).

Graphique 30 : Le diagramme des phases du modèle de Ramsey

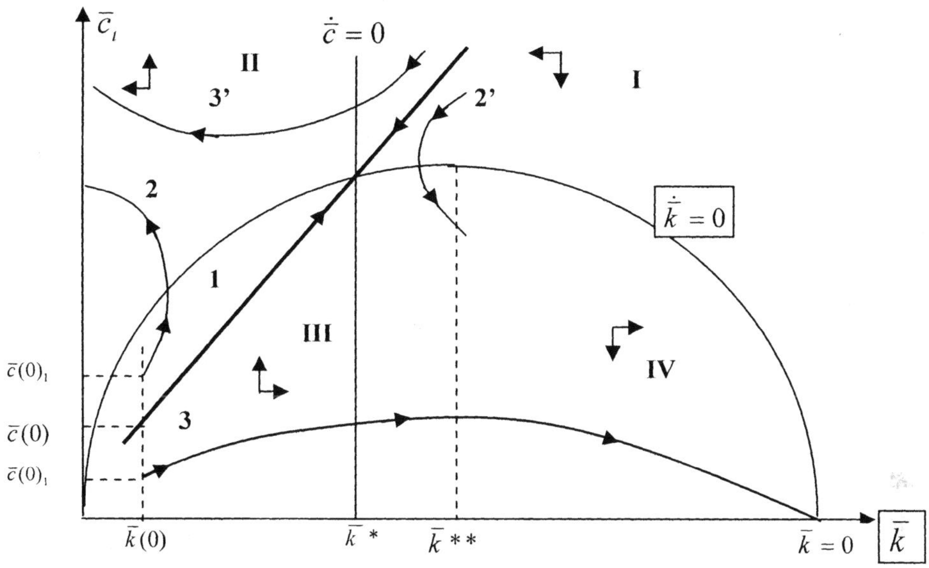

Chapitre IX

Introduction aux nouvelles théories de la croissance, ou théories de la croissance endogène

Introduction

Les limites de la méthodologie des modèles de croissance

Pour comprendre le renouvellement de la théorie de la croissance des années 80, il est important de résumer les principales limites de la méthodologie des modèles de croissance, qu'ils soient néoclassiques ou néo-keynésiens. On peut tout d'abord observer qu'à travers les extensions apportées à la théorie de base l'objectif demeure, tout comme dans la théorie fondamentale, de ***déterminer les conditions d'une croissance équilibrée à taux constant.*** Cet objectif restreint considérablement le champ d'analyse de la croissance en tant que phénomène économique, et lui confère un caractère parfois tautologique, tant les hypothèses nécessaires pour l'atteindre sont restrictives. On relève principalement deux hypothèses contraignantes dans la méthodologie des modèles de croissance :

- la statique comparative,
- les rendements constants.

1. La statique comparative

Dans les théories traditionnelles de la croissance, la méthode statique comparative apparaît comme un pis aller, face à la complexité de la méthode dynamique. Toutefois, ***l'hystérésis*** caractéristique de la statique comparative, occulte l'interdépendance entre l'équilibre et le processus d'ajustement (condition initiale, cheminement, vitesse...) qui y conduit. Ce processus constitue cependant l'essence même de la dynamique économique, considérée comme phénomène économique déterminé par les comportements des agents économiques. En effet, les évènements qui surviennent pendant ce processus déterminent la capacité productive de l'économie.

Cette ***dichotomie statique-dynamique*** conduit, dans les théories traditionnelles de la croissance, à analyser ***séparément*** d'une part les caractéristiques de l'équilibre (unicité et stabilité) indépendamment du processus qui y conduit, et d'autre part les ***faits stylisés*** de comportements qui conditionnent le cheminement vers l'équilibre, lorsque l'économie est en déséquilibre.

2. Les rendements d'échelle constants

Comme on le sait, l'hypothèse des rendements constants a pour corollaire la décroissance des productivités marginales [$f'(k)>0$ et $f''(k)<0$], qui permet notamment de définir une fonction de production « régulière », cruciale pour les résultats du modèle néoclassique. Il en découle que la croissance est un phénomène ***transitoire***, ne se produisant qu'en période de déséquilibre, sous l'effet d'un facteur ***exogène*** (progrès technique, variation du taux d'épargne...). Le processus d'ajustement est en fait, dans ce contexte, un processus d'inhibition de la croissance, laquelle s'estompe à l'équilibre avec les restrictions imposées à f (k), notamment ***$f'(k) \to 0$ lorsque $k \to \infty$***. Les rendements constants produisent alors une croissance équilibrée à taux constant, caractérisée notamment par la constance des variables par tête y et k, c'est-à-dire par l'absence de croissance !!!

Même lorsque les théories traditionnelles de la croissance prennent en compte les externalités dans le souci d'expliquer les changements technologiques (voir notamment supra, l'induction du progrès technique par la croissance dans le modèle de Kaldor) les contraintes de rendements constants et de concurrence parfaite (indépendance des fonctions d'utilité des agents) conduisent à considérer que des rendements d'échelle croissants peuvent être compensés par des externalités de signe contraire pour produire des rendements globaux constants. Ainsi, même lorsque l'hypothèse des rendements constants n'est plus nécessaire, la considère-t-on comme suffisante. Ceci apparaît notamment dans la méthodologie des modèles de croissance avec progrès technique, où les restrictions imposées à l'indice de progrès technique, visent à opérer une compensation entre les unités physiques et les unités efficaces de progrès technique pour préserver l'hypothèse des rendements constants.

On peut au contraire, en faisant un pas important vers la réalité actuelle de l'économie industrielle, considérer que les externalités s'ajoutent aux rendements d'échelle (internes aux entreprises), pour produire des rendements globaux croissants. C'est l'objet des nouvelles théories de la croissance, que nous allons à présent examiner.

La théorie de la croissance endogène est née dans les années 80, en réaction essentiellement au modèle néoclassique, même si comme nous l'avons vu, les lacunes visées concernent l'ensemble des théories traditionnelles de la croissance (néoclassiques ou néo-keynésiennes). L'idée de base est que la croissance perd son caractère transitoire dès lors que les rendements ne sont plus décroissants, l'accumulation du capital étant soumise à des ***externalités***. Parmi les théories fondées sur ces facteurs externes à l'entreprise, nous retiendrons celles fondées sur l'accumulation des connaissances (Romer[76]), les infrastructures publiques (Barro[77]), et le capital humain (Lucas[78]). Nous bornerons ici à présenter les principales caractéristiques méthodologiques communes à ces théories de la croissance endogène, telles que résumées dans le modèle « AK » de Rebelo[79]. Nous nous référons une fois de plus à la présentation de Barro et Sala-I-Martin (1996).

IX.1. Les caractéristiques de la croissance endogène : Le modèle AK

On distingue deux versions du modèle AK, l'une simplifiée et l'autre plus élaborée que nous appèlerons la version complète. Les deux se distinguent par la prise en compte d'un comportement d'épargne endogène et des externalités dans le modèle complet.

IX.1.1. Le modèle AK simplifié

1. Les hypothèses du modèle

1.1) La croissance dépend uniquement du taux d'épargne, facteur exogène, et de l'accumulation du capital, facteur endogène. Le capital est un ***facteur composite*** défini comme un agrégat de tous les ***facteurs***

---

76 P.Romer. « Increasing Returns and Long Run Growth ». ***Journal of Political Economy.*** Vol 94, 1986, pp. 1002-1037. et « « Endogenous Technical Change ». ***Ibidem***, Vol 98, N° 5, 1990. pp 71-102.

77 R. J. Barro. « Government Spending in a Simple Model of Endogenous Growth ». ***Ibidem***, pp. 103-125

78 R. E. Lucas. « On the Mechanics of Economic Development ». ***Journal of Monetary Economics***, N) 22, 1988, pp. 3 –42.

79 S. Rebelo. « Long Run Policy Analysis and Long Run Growth ». ***Journal of Political Economy.*** Vol 99, N° 3, Juin 1991, pp. 500-521

accumulés, notamment la main-d'œuvre redéfinie comme « ***capital humain*** ». Les facteurs fixes ne jouent par conséquent aucun rôle dans la croissance.

1.2) La productivité marginale du capital est constante, ce qui revient à supposer une ***élasticité unitaire*** du capital dans la production. Les taux de croissance du capital et du produit par tête sont une fonction constante (et non plus décroissante) de l'intensité capitalistique. Il est important de noter qu'avec une productivité marginale du capital constante, les rendements d'échelle seront croissants s'il existe comme c'est le cas, des ***facteurs non accumulables*** tels que le ***travail brut***, c'est-à-dire non augmenté par le capital humain.

2. Les relations du modèle

2.1. La fonction de production

Y = AK

où Y désigne la production, K le capital composite, et A un paramètre d'échelle, désignant ici la productivité marginale du capital. A est fixe par hypothèse.

2.2) La fonction d'épargne

DK = dK/dt = sY

où s est le taux d'épargne.

3. Résolution

On détermine le taux de croissance en en remplaçant Y par sa valeur dans la fonction d'épargne, et en divisant les deux membres de celle-ci par K. Soit DK/K = sA.

La croissance est de ce fait auto-entretenue, et non plus transitoire, même en l'absence de progrès technique. **Il n'y a donc plus de convergence** comme dans le modèle néo-classique. Son taux dépend du comportement d'épargne des agents. Une hausse du taux d'épargne ou de la productivité du capital accroît le taux de croissance. On se souvient que dans le modèle néoclassique une variation du taux d'épargne n'avait aucun effet sur le taux de croissance. On démontre ceci de façon plus précise à partir de l'équation différentielle du modèle néo-classique, soit $Dk = sf(k) - nk$. En remplaçant f(k) = y par sa valeur tirée du modèle AK, soit y = Ak, on a $Dk = sAk - nk$. En divisant par k, il vient $Dk / k = sA - n$. Le graphique 31 représente le cas où Dk/k > 0 (sA est supérieur à n). Le taux de croissance et alors la distance verticale entre les deux droites sA et n, qui est donc positif et constant quel que soit k ou t.

Graphique 31 : Le modèle AK

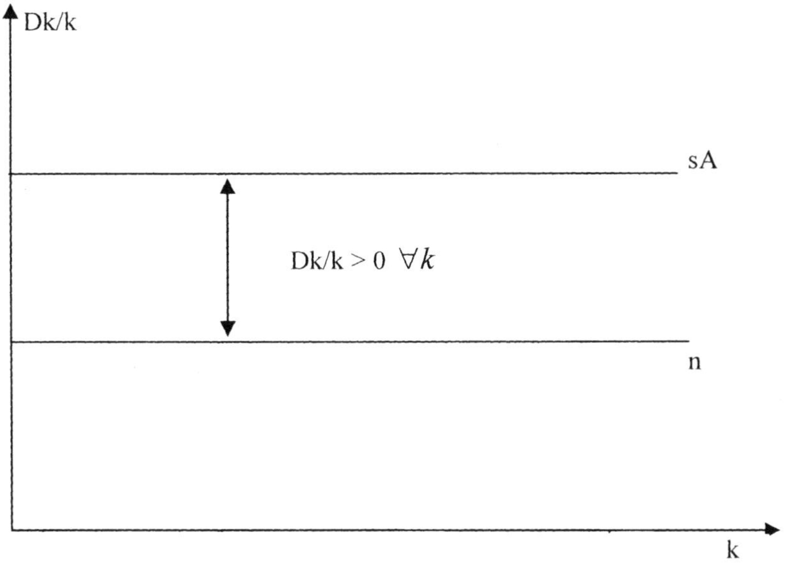

IX.1.2. Le modèle AK complet

1. Les hypothèses du modèle

En plus des hypothèses du modèle simple, on prend maintenant en compte un comportement d'épargne endogène et les externalités. Le cadre d'analyse reste globalement le même que dans le modèle de Ramsey.

1.1) Les externalités sources de croissance sont traitées comme des ***biens publics***. Elles sont supposées positives, et s'ajoutent donc aux rendements d'échelle internes aux entreprises pour produire des rendements croissants au niveau collectif, et un optimum social supérieur à l'optimum concurrentiel privé. L'équilibre concurrentiel est ainsi sous-optimal. Plus précisément, l'hypothèse des rendements constants, dont nous avons vu qu'elle procédait d'un souci de compatibilité avec celle de concurrence parfaite, est ***suffisante mais non nécessaire***.

1.2) Le comportement des ménages est déterminé par une fonction d'utilité homogène à élasticité de substitution intertemporelle constante, dans laquelle l'allocation optimale du revenu entre consommation et épargne dépend de l'écart entre le taux d'intérêt (r) et le taux de préférence pour le présent (ρ). Lorsqu'on introduit le taux de préférence pour le présent (ρ) dans une optique micro économique, le taux de croissance de la consommation devient une variable endogène du modèle, déterminé par les comportements d'épargne des ménages.

La fonction d'utilité des ménages est la même que dans le modèle de Ramsey du paragraphe précédent, soit

$$U = \int_0^T [\frac{c^{(1-\theta)} - 1}{(1-\theta)} \cdot e^{-(\rho-n)t}]dt$$

sous la contrainte la contrainte budgétaire du ménage sous la forme

$$da/dt = \omega + ra - c - na$$
$$= \omega + (r\text{-}n)a - c$$

La résolution du problème donne la règle de Ramsey,

$$\boxed{\frac{\dot{c}}{c} = \left[\frac{1}{\theta}\right] \cdot (r - \rho)}$$

La condition de transversalité du modèle de Ramsey est également maintenue, soit

$$\lim_{t\to\infty}\left\{a(t)\cdot \exp\left[-\int_0^t [r(v)-n]dv\right]\right\} = 0$$

1.3) On suppose une ***offre constante de travail brut*** par les ménages (n = 0), c'est-à-dire le travail non augmenté par le capital humain. Comme corollaire, on a une productivité marginale du travail nulle, et un ***taux de salaire nul.***

1.4) Le comportement des entreprises est déterminé par une fonction de production homogène de degré 1, à ***élasticité unitaire*** du capital dans la production. La fonction Cobb-Douglas à rendements constants du modèle de Ramsey est ici remplacée par la fonction du modèle AK, dont la principale caractéristique est d'avoir un produit marginal non décroissant, contrairement à la condition d'Inada. Soit

$$y = f(k) = Ak$$

La productivité marginale (R) du capital est toujours égale, à l'optimum (c'est-à-dire en l'absence d'externalités), au taux de rendement (r + δ), ainsi que de l'arbitrage des ménages entre consommation et épargne, c'est-à-dire entre présent et futur. La différence est qu'à présent la productivité marginale du capital est remplacée par la constante A, si bien que

$$r = A - \delta$$

On suppose pour simplifier que la quantité de travail (brut) est constante, et que sa productivité marginale est nulle, le taux de salaire aussi.

2. La résolution du modèle

On conserve le cadre analytique du modèle de Ramsey. On suppose toujours notamment qu'en économie fermée, la dette des ménages est nulle à l'équilibre, c'est-à-dire que tout le stock de capital est possédé par les adultes résidents, si bien que les actifs par adulte (a) sont égaux au capital par tête (k). On peut donc réécrire la contrainte budgétaire des ménages sous la forme

$$\dot{k} = \dot{a} = \omega + rk - c - nk$$

En posant r = A – δ et ω = 0 dans cette contrainte ainsi que dans la règle de Ramsey et la condition de transversalité, on obtient respectivement pour l'équilibre du modèle AK

$$\dot{k} = (A - \delta - n)k - c$$

$$\dot{c}/c = (1/\theta)(A - \delta - \rho)$$

$$\lim_{t \to \infty} \left\{ k(t)\ell^{-(A-\delta-\rho)t} \right\} = 0$$

CONCLUSION SUR LES NOUVELLES THEORIES DE LA CROISSANCE

Le résultat ci-dessus met en exergue la méthodologie des modèles de croissance endogène. Pour peu que A, le facteur externe composite, soit proportionnel au stock de capital [y = f(k) = Ak], la productivité marginale du capital [f'(k)] est constante, et le taux de croissance $(\dot{c}/c)$ est constant (noter que les taux de croissance sont égaux, d'après la propriété de croissance équilibrée à taux constant). Ces deux grandeurs sont indépendants de k, c'est-à-dire que la dynamique n'est pas transitoire comme dans le modèle néo-classique. Les versions particulières du modèle reposent sur une définition spécifique des facteurs « accumulables », qui seuls ont un rôle dans la croissance, au contraire des facteurs fixes :

- Accumulation des connaissances dans le modèle de Romer,
- Dépenses publiques d'infrastructures dans le modèle de Barro,
- L'accumulation du capital humain dans le modèle de Lucas.

On peut discuter l'efficacité comparée des économies décentralisée et centralisée dans la gestion des biens publics que constituent ces facteurs externes dans les théories de la croissance endogène. Dans les conditions du modèle AK, aucune distinction n'est faite entre productivité marginale privée et sociale du capital. Cependant l'optimum social doit prendre en compte l'effet de l'accumulation de k sur le facteur externe. Si x_k' désigne la variation du facteur externe x par rapport à k, on a $f_s' = f_p' + f_x'.x_k' > f_p'$, c'est-à-dire que la productivité marginale sociale du capital par tête (f_s') est plus élevée que la productivité privée (f_p'). Le taux de croissance de l'économie centralisée est alors plus élevé (Muet 1993, p 51). On voit en effet que $(\dot{c}/c)$ est plus élevée si le rendement marginal [$r = A-\delta = f'(k)$] est plus élevé. Le poids de l'Etat (symbolisé par la pression fiscale G/Y) ne doit toutefois pas excéder un niveau optimal, au-delà duquel le taux de croissance diminue avec l'intervention de l'Etat dans l'économie (Barro et Sala-I-Martin 1996, pp170-175).

On peut enfin relever que l'absence de convergence, qui est la spécificité des modèles de croissance endogène, constitue en même temps une limite importante. La convergence conditionnelle est régulièrement vérifiée par les données empiriques, tandis que la convergence absolue se vérifie pour des groupes d'économies homogènes (Idem, p 46).

Bibliographie

- Abraham-Frois, G. (1991). ***Dynamique économique***, 7ème édition, Dalloz, Paris
- Abraham-Frois, G. (1995). ***Les fluctuations économiques***, Economica, Paris.
- Allen, R.D.G. (1969). ***Théorie macroéconomique***, traduction française, deuxième édition, Armand Colin, Paris.
- Annales d'Economie et de Statistique (1987). ***Modélisation des systèmes dynamiques***. Numéro spécial, Avril-septembre.
- Arena, Richard (1987). « La dynamique économique : Nouveaux débats, nouvelles perspectives ». ***L'actualité économique***, Vol 63, N°1, Mars, pp 77-117.
- Arrow, K. J., H. B. Chenery, B.S. Minhas et R. M. Solow, "Capital-Labor Substitution and Economic Efficiency". ***Review of Economics and Statistics***, 43, Août 1961, pp 225-250.
- Artus, Patrick, Didier Laussel et Jean-Paul Pollin (1993). ***Les nouvelles théories de la croissance***. Numéro spécial de ***Revue économique***, mars.
- Azam, Jean-Paul (1989). ***Théorie macroéconomique de la croissance***, Nathan Supérieur, Paris.
- Barro, R.J. et Xavier Sala-I-Martin (1996). ***La croissance économique***, traduction française, McGraw-Hill/Ediscience, Paris.
- Barro, R.J. (1989) ***Modern Business Cycle Theory***. Basil Blackwell, Oxford.
- Barro, R.J. (1981), ***Money, Expectations and the Business Cycles***, Academic Press, London.
- Barro, R.J. (1990). « Government Spending in a Simple Model of Endogenous Growth ». ***Journal of Political Economy***, Vol 95, N° 5, Octobre, deuxième partie, pp. 103-125.
- Barthélémy, Marie-Claire (1989). ***Mathématiques des systèmes dynamiques***. Dalloz, Paris.
- Belloc, B. (1980). ***Croissance économique et adaptation du capital productif***, Economica, Paris.

- Bernard, Alain (1988*)*. ***L'agrégation temporelle des fonctions de production à générations de capital,*** Economica, Paris.
- Bertonèche et Teulié (1977). ***Théorie macroéconomique : textes fondamentaux***. Presses Universitaires de France, Paris.
- Bliss, Christopher (1968) « On Putty-Clay ». ***Review of Economic Studies***, Vol 35, Avril, pp. 173-80.
- Branson, W. (1979). ***Macroeconomic Theory and Policy,*** deuxième édition, Harper International, Londres.
- Brown, Murray et John S. de Cani (1963). « Technological Change and the Income Distribution ». ***International Economic Review***, 4, September, pp 289-309.
- Cotta, Alain (1966). ***Théorie générale du capital, de la croissance et des fluctuations***, Dunod, Paris.
- Culman, Henri (1974). ***Les mécanismes économiques***. Huitième édition, Presses Universitaires de France, Paris.
- Denison, E. F. (1967). ***Why Growth Rates Differ***. The Brooking Institution, Washington D. C.
- Domar, Evsey (1946). "Capital Expansion, rate of Growth and Employment", ***Econometrica***, Vol 14,.
- Domar, Evsey (1947). "Expansion and Employment", ***The American Economic review***, vol 37, mars.
- Dorfman, Robert (1969). « An Economic Interpretation of Optimal Control Theory », ***American Economic Revie***w, Vol 59, N° 5, Décembre, pp. 817-31.
- Drandakis, E. M. and Edmund S. Phelps (1966). "A Model of Induced Invention, Growth, and Distribution". ***Economic Journal***, Vol 76,, pp. 823-40.
- Ducros, B. (1967). ***Fluctuations et croissance,*** La Cité du Droit, Paris.
- Eisner, R. (1958) "On Growth Models and the Neoclassical Resurgence", ***Economic Journal***, Vol 68, Décembre, pp. 707-21.
- Eltis,W. (1984). ***The Classical Theory of Economic Growth***. Macmillan, Londres.

- Fitoussi, J.P. et Alain Muet (1986). ***Macrodynamique en déséquilibre***. Economica, Paris.
- Frisch, Ragnar (1936) « On the Notion of Equilibrium and Disequilibrium ». ***Review of Economic Studies***, III, Février, pp 100-105.
- Gapinski, James H. (1982). ***Macrodynamic Theory. Statics, Dynamics, and Policy***. McGraw-Hill.
- Goodwin, R.M. (1982). ***Essays in Economic Dynamics***, Macmillan, Londres.
- Goodwin, R.M (1987). ***The Dynamics of a Capitalist economy***. Policy Press, Cambridge
- Goodwin, R.M (1990). ***Chaotic Economic Dynamics***. Clarendon Press, Oxford.
- Grandville, Olivier de la (1977). ***Théorie de la croissance économique.*** Masson, Paris.
- Granelle, Jean-Jacques (1977). ***Fluctuations économiques et conjoncture***, Masson, Paris.
- Guellec, Dominique et Pierre Ralle (1995). ***Les nouvelles théories de la croissance***, La découverte, Paris.
- Guitton, Henri (1972). ***Les mouvements conjoncturels***, Dalloz, Paris.
- Guitton, Henri (1974). ***Fluctuations et croissance économiques***, Dalloz, Paris.
- Gurley, J.G. et E.S. Shaw (1960). ***Money in a Theory of Finance***. The Brooking Institution, Washington (D.C.).
- Hahn, F.H., R.C.O. Matthews (1972). ***Théorie de la croissance économique***, traduction française, Economica, Paris.
- Hahn, F.H., R.C.O. Matthews (1964). « The Theory of Economic Growth: A Survey", ***The Economic Journal***., Vol 96, N° 384, Décembre.
- Hahn, F.H (1985). ***Money, Growth and Stability***, Basil Blackwell, Oxford.
- Hamberg, D. (1956). ***Economic Growth and Instability***, New York.

- Hansen, A. H. (1927). ***Business-Cycle Theory : Its Development and Present Status***. Ginn.
- Harrod, Roy F. (1936). ***The Trade Cycle***, Oxford University Press, Oxford.
- Harrod, Roy F. (1939). « An Essay in Dynamic Theory », the ***The Economic Journal***, Vol. 49, pp 14-38.
- Harrod, Roy F. (1948). ***Towards a Dynamic Economics***. McMillan, London.
- Harrod, Roy F. (1959). " Domar and Dynamic Economics", ***The Economic Journal***, Septembre.
- Harrod, Roy F. (1960). "Second Essay in Dynamic Theory", ***The Economic Journal***, Juin.
- Hénin, P.-Y. (1981). ***Macrodynamique. Fluctuations et croissance***, deuxième édition, Economica, Paris.
- Hénin, P.-Y., P. Michel (Eds) (1982). ***Croissance et accumulation en déséquilibre***. Economica, Paris.
- Hicks, J.R. (1985). ***Methods in Dynamic Economics***, Basil Blackwell, Oxford.
- Hicks, J.R. (1965). ***Capital and Growth***, The Clarendon Press, Londres.
- Hozelitz, Bert F. (Ed) (1970). ***Théorie de la croissance économique***, Dunod, Paris.
- Inada, Ken-Ichi (1963). " On a Two-Sector Model of Economic Growth : Comments and a Generalization", ***Review of Economic Studies***, 30, June, pp 119-127.
- Inada, Ken-Ichi (1969). „Fixed Factor coefficient and Harrod-Neutral Technical Progress", ***Review of Economic Studies,*** Vol 34, N° 1, Janvier.
- Jacot, Jaques-Henri (1976). ***Croissance et fluctuations conjoncturelles***, Presses Universitaires de Lyon.
- James, Emile et André Marchal (Eds). ***Fluctuations économiques,*** 2 tomes, Domat Montchrestien, Paris.
- Johanson, L. (1960). ***A Multisectoral Study of Economic Growth***, North-Holland.

- Johnson, H.G. (1964). ***Money, Trade and Economic Growth***, Allen, Londres.
- Jorgenson, D (1960). "On Stability in the Sense of Harrod", ***Economica***, new series, Vol 27.
- Journal of Monetary Economics (1988). ***Real Business Cycles***, Numéro special, Vol 26, N° 2-3, mars-mai.
- Kaldor, N. (1957). "A Model of Economic Growth", ***Economic Journal***, vol 67.
- Kaldor, N. (1955). « Alternative Theories of Distribution ». ***Review of Economic Studies***, Vol 23, pp. 94-100.
- Kaldor, N. (1960). ***Essays in Economic Stability and Growth***, The Free Press of Glencoe, Illinois.
- Kaldor, N. et J. A. Mirrlees (1962) « A New Model of Economic Growth », ***Review of Economic Studies***, Vol 29, pp. 174-90.
- Kalecki, M. (1942). « A Theory of Profits ». ***Economic Journal***, Vol 52.
- Kalecki, M. (1966). ***Théorie de la croissance économique***, traduction française, Gauthiers-Villars, Paris.
- Kendrick, J. (1961). ***Productivity Trends in The United States***. Princeton University Press, Princeton.
- Kogiku, K.C. (1971). ***Introduction aux modèles macroéconomiques***, traduction française, Sirey, Paris.
- Kondratieff, Nicholaï D. (1984). ***The Long Wave Cycle***, Richardson and Snyder, New York.
- Kuznetz, S.(1966). ***Modern Economic Growth Rate Structure and Spread,*** Yale University Press.
- Paris. Lecaillon, J. (1972). L***a croissance économique***, Cujas, Paris.
- Larbre, Françoise (1993). ***Croissance et fluctuations. Exercices corrigés***, Economica, Paris.
- Leibenstein, Harvey (1954) ***A Theory of Economic Demographic Development***, Princeton.
- Leibenstein, Harvey (1957). ***Economic Backwardness and Economic Growth***, New York.

- Levhari, D. et D. Patinkin (1968). « The Role of Money in a Simple Growth Model". ***American Economic Review***, Septembre, pp. 713-53.
- Levacic, Rosalind et Alexander Rebmann (1982). ***Macroeconomics : An Introduction to Keynesian-Neoclassical Controversies***, Macmillan Education, London.
- Lucas, R. E (1988). « On the Mechanics of Economic Development ». ***Journal of Monetary Economics***, N) 22, pp. 3–42.
- Lucas, R. E (1987). ***Models of Business Cycles***, Basil Blackwell, Oxford.
- Lundberg, E. (1968), ***Instability and Economic Growth***, Yale University Press.
- Lutz, G. Arnold (2002). ***Business Cycle Theory***. Oxford University Press.
- Metzler, Lloyd A. (1941). "The Nature and Stability of Inventory Cycle", ***Review of Economics and Statistics***, N° 23, Août, pp 113-129.
- Mockers, J. P. (1965) ***Dynamique et structures***, Sirey.
- Morishima, Michio (1981). ***The Theory of Economic Growth***. Clarendon Press, Oxford.
- Muet, Pierre-Alain (1993). ***Croissance et cycles, théories contemporaines***, Economica, Paris.
- Pasinetti, Luigi L. (1961). « Rate of Profit and Income Distribution in Relation to the Rate of Economic Growth ». ***Review of Economic Studies***. Vol 29, N°2, pp 267-79.
- Pasinetti, Luigi L. (1974). ***Growth and Income Distribution***, Cambridge University Press
- Pasinetti, Luigi L. (1981). ***Structural Change and Income Growth***, Cambridge University Press.
- Phan, Duc-Loï (1982). ***Economie de la croissance***, Economica, Paris.
- Phelps, Edmund S. and John G. Riley (1978). « Rawlsian Growth : Dynamic Programming of Capital and Wealth for

Intergenerational 'Maximin' Justice », ***Review of Economic Studies***, Vol 45, pp. 103-20.

- Phillips, A.W (1954). "Stabilisation Policy in a Closed Economy", ***Economic Journal***, Vol. 64, June, pp 290-305.
- Phillips, A.W (1962). "A Simple Model of Employment, Money and Prices in a Growing Economy", ***Econometrica***.
- Pilvin, H., « A Geometric Analysis of Recent Growth Models », ***The American Economic Review***, Sept 1952, pp 594 –99.
- Ramsey, Frank (1928). « A Mathematical Theory of Saving », ***Economic Journal***, Vol 38, Décembre, pp. 543-59.
- Rawls, John (1971). ***A Theory of Justice***. Harvard University Press, Cambridge.
- Rebelo, S. (1991). « Long Run Policy Analysis and Long Run Growth ». ***Journal of Political Economy.*** Vol 99, N° 3, Juin, pp. 500-521.
- Rébérol, Antoine (1988). "A propos des theories pré-keynésiennes du cycle : Wicksell, Fischer et Hayek », ***Economie et Sociétés***, Tome 22, N° 3, Mars, pp 95-134
- Robinson, Joan (1968). ***Essays in the theory of Economic Growth***, McMillan, Londres.
- Romer, P. (1986). « Increasing Returns and Long Run Growth ». ***Journal of Political Economy.*** Vol 94, pp. 1002-1037.
- Romer, P. (1990). » Endogenous Technical Change ». ***Ibidem***, Vol 98, N° 5,. pp 71-102.
- Rostow, W.W. (1963). ***Les étapes de la croissance économique***, Seuil, Paris
- Samuelson, P. A. (1939). « Interactions Between the Multiplier Analysis and the Principle of Acceleration ». ***Review of Economics and Statistics***, 21, Mai.
- Samuelson, P.A. (1947) ***Les fondements de l'analyse économique***. Tome II : ***La stabilité des systèmes dynamiques***. Traduction française. Gauthier-Villars.
- Sargent, T. (1987). ***Dynamic Macroeconomic Theory***, Harvard University Press.

- Sato, Kazuo (1966) "On the Adjustment Time in Neoclassical Models", ***Review of Economic Studies***, Vol. 33, N° 85; Juillet, pp 263-265.
- Sato, Ryuzo (1963). "Fiscal Policy in a Neo-Classical Growth model: An Analysis of Time required for Equilibrating Adjustment" ***Review of Economic Studies***, Vol 30 Février, pp 17 et 22.
- Idem (1972). "The Harrod-Domar Model *vs* the Neo-Classical Growth Model". Economic Journal, Vol 74, Juin, pp 383-87.
- Scherer, F.M. (1987). ***Innovation and Growth. Schumpeterian Perspectives***, Massachussets.
- Schumpeter, J. A. (1935). ***Théorie de l'évolution économique***, traduction française, Dalloz, Paris.
- Sen, Amartya K. (1970). ***Growth Economics***. Penguin Books, Londres.
- Snowdon, B., H. Vane et P. Wynarczyk (1997). ***La pensée économique moderne***. Ediscience, Paris.
- Solow, Robert M. (1988). "Growth Theory and After", ***The American Economic Review,*** Juin.
- Solow, Robert M. (1972). ***Théorie de la croissance économique***, traduction française, Armand Colin, Paris
- Solow, Robert M. (1974). « Intergenerational Equity and Exhaustible resources », ***Review of Economic Studies***, A symposium, pp.29-45.
- Solow, R. M., J. Tobin, C. C. Von Weizsäcker and M. E. Yaari (1966). « Neoclassical Growth with Fixed Factor Proportions", ***Review of Economic Studies***, Vol 33, avril, pp. 79-116.
- Solow, R. M. (1960). « Investment and Technical Progress », in Arrow, Karlin and Suppes (Eds). ***Mathematical Methods in Social Sciences***. Stanford University Press,.
- Solow, R. M. (1959). "Is Factor Substitution a Crime, and If So, How Bad ? Reply to Professor Eisner", ***Economic Journal***, Vol 69, Septembre, pp. 597-99.
- Solow, R. M. (1957). « Technical Change and the Aggregate Production Function ». ***Review of Economics and Statistics,*** Vol. 39, Août.

- Solow, R.M. (1956). « A Contribution to the Theory of Economic Growth », ***Quarterly Journal of Economics***, Vol 70, pp. 65-94.
- Solow, R.M. and P.A. Samuelson (1953). "Balanced Growth Under Constant Returns to Scale", ***Econometrica***, Vol 21,
- Stein, J. L. (1969). „Neoclassical and Keynes-Wicksell Monetary Growth Models". ***Journal of Money, Credit and Banking***. Mai, pp.153-71.
- Stein J. L. (1970). "Monetary Growth Theory in Perpective", ***American Economic Review***, Mars.
- Stiglitz, J. et H. Uzawa (1970). ***Reading in Modern Theory of Economic Growth***, MIT Press.
- Stoléru, Lionel (1971). ***L'équilibre et la croissance économique***, Economica, Paris.
- Swan, Trevor (1956) « Economic Growth and Capital Accumulation", ***Economic Record***, Vol.32, Novembre, pp 334-61.
- Thiombiano, Taladidia (2002). ***Econométrie des systèmes dynamiques***. L'Harmattan, Paris.
- Tobin, J. (1955). « A Dynamic Aggregative Model ». ***Journal of Political Economy***, Vol.63, pp. 103-115.

TABLE DES ILLUSTRATIONS

INDEX

Table des matières

L'HARMATTAN, ITALIA
Via Degli Artisti 15 ; 10124 Torino

L'HARMATTAN HONGRIE
Könyvesbolt ; Kossuth L. u. 14-16
1053 Budapest

L'HARMATTAN BURKINA FASO
Rue 15.167 Route du Pô Patte d'oie
12 BP 226
Ouagadougou 12
(00226) 76 59 79 86

ESPACE L'HARMATTAN KINSHASA
Faculté des Sciences Sociales,
Politiques et Administratives
BP243, KIN XI ; Université de Kinshasa

L'HARMATTAN GUINEE
Almamya Rue KA 028
En face du restaurant le cèdre
OKB agency BP 3470 Conakry
(00224) 60 20 85 08
harmattanguinee@yahoo.fr

L'HARMATTAN COTE D'IVOIRE
M. Etien N'dah Ahmon
Résidence Karl / cité des arts
Abidjan-Cocody 03 BP 1588 Abidjan 03
(00225) 05 77 87 31

L'HARMATTAN MAURITANIE
Espace El Kettab du livre francophone
N° 472 avenue Palais des Congrès
BP 316 Nouakchott
(00222) 63 25 980

L'HARMATTAN CAMEROUN
BP 11486
Yaoundé
(00237) 458 67 00
(00237) 976 61 66
harmattancam@yahoo.fr

15406 - novembre 2010
Achevé d'imprimer par
1livre.com
du rêve à la réalité !

Made in United States
Orlando, FL
04 November 2026

90206058R00125